선택하지
않은
인생은
잊어도 좋다

선택하지 않은 인생은 잊어도 좋다

고지마 게이코 지음 **신정원** 옮김

싱긋

차례

제4장 / 참고하시라!
고지마식의 유형별 커뮤니케이션 기술_253

책을 내면서

/

실패하는 게 두려운가.

상처 입는 일, 야단맞는 일은 괴롭기 마련이다. 나 또한 지금
까지 몇 번이고 실수를 거듭하는 가운데 갖은 노력을 하며 살아
가는 지혜를 익혀왔다.

하지만 실패하는 게 잘못됐다는 식으로 말하는 걸 들으면 위
화감이 든다.

누구나 실패하며 산다. 실패하면 쓸모없는 인간일까? 그렇다
고 한다면, 쓸모 있는 사람 따위 아무도 없을 거다!

재작년, 그러니까 2011년의 일이다. 내가 사는 곳 근처의 소

선택하지 않은 인생은 잊어도 좋다

학교에서 기획한 '우리 동네 명인'이라는 프로그램에 '말하기 명인'으로 초대받은 적이 있다.

"말하는 게 자신 있는 사람 있나요?" 하고 아이들에게 묻자, 아주 적은 수만 손을 들었다.

"그럼 질색인 사람은?" 그러자 대부분이 손을 들었다.

어떤 이유로 말하는 게 서툴거나 질색인지 물어보니, 친구와 싸웠거나 오해받은 일 등 흔히 나누는 대화에서 겪은 실패가 원인이었다. '역시 말이 너무 심했어', '내 뜻을 제대로 전달하지 못했다구', '난 쓸모없는 존재야' 하고 생각하는 아이들이 너무나도 많았다.

"그렇지 않아요. 쓸모없는 사람은 하나도 없어요." 나는 이렇게 말했다.

"실패는 누구나 해요. 실패하고 나서 비로소 알게 되는 일도 무척 많구요. 다른 사람의 마음이나 나 자신의 마음은 실패하면서 조금씩조금씩 알게 되는 거예요. 그러니까 마음껏 실패해도 돼요. 실패 만세!!"

그러자 아이들의 얼굴이 확 밝아졌다. 안심했다는 듯한 분위기가 감돌았고 킥킥거리며 웃는 소리가 들렸다. 장난기 가득한 눈동자가 여기저기에서 빛나기 시작했다. 아직 어린 소학생인데 그렇게나 잔뜩 긴장한 채로 실패를 두려워하고 있다는 데에 놀랐다.

어쩌면 어른 역시 마찬가지일지도 모르겠다.

요즘 세상을 보면 '커뮤니케이션 능력을 길러라'라는 풍조가 강한 것 같다. 직장에서나 사생활에서나 대화를 잘하지 못하면 살아남지 못한다는 생각에 사로잡혀 괴로운 나날을 보내는 이들이 많아 보인다.

SNS에 올리는 이야기로 사람들의 지지를 받거나 인터넷 속 친구를 늘려서 '남들이 좋아하는, 가치 있는 나'를 증명하려고 기를 쓴다. 아이 친구의 엄마들에게 더욱 호감을 얻어야 하고, 후배가 좀더 따르는 선배여야 하고, 상사가 예뻐하는 부하여야 한다. 왜냐, 인기가 없다는 건 대단히 부끄러운 일이니까. 이렇게 생각하는 거다.

그래서 '커뮤니케이션이 뛰어난 사람이 승자' 따위의 생각에 얽매여, 나는 다른 사람과의 거리를 잘 좁히지 못하니 누구도 나를 필요로 하지 않아, 매력이라곤 없는 인간이야 하며 낙담하고 만다. 속해 있는 집단 내의 인기 순위에서 상위에 들지 못한다면 머물 곳 따위 없는 양.

하지만 그건 잘못된 생각이다. 인간은 상품이 아니다.

커뮤니케이션은 곧 정보를 교환하는 일이다.

사람과 사람이 말을 나누고 마음을 주고받는 사이에 신뢰 관

선택하지 않은 인생은 잊어도 좋다

계가 생겨난다. 그런가 하면 적대 관계가 되기도 한다. 본보기로 삼을 만한 완벽한 커뮤니케이션 기술 같은 건 어디에도 존재하지 않는다.

상황에 맞춰 어떻게 대처할지를 두고 궁리해야 하는 건 맞지만, '커뮤니케이션의 정답은 바로 이것!'이라 할 수 있는 전형은 없다는 이야기다.

한번 생각해보자. 이 세상에 똑같은 사람은 없다. 모두 다르다. 게다가 5년 전의 나와 지금의 나를 비교하면 달라진 부분도 있을 것이다. 조금도 변하지 않는 사람은 없다. 사랑하는 사람과 있을 때의 당신과, 직장에 있을 때의 당신도 다를 터이다. 사람은 여러 얼굴을 가지고 있다. 그리고 나도 당신도, 사람과 사람의 무한한 조합 속에서 어디서 누구와 어떻게 만날지를 선택할 수 없다. 따라서 커뮤니케이션을 갑자기 잘하게 되는 상황은 좀처럼 일어나지 않는다.

오히려 커뮤니케이션은 '실패'에서 비롯된다고 해도 지나치지 않다. 마음을 잘 전하지 못해 답답해하고 초조해하면서 시간을 들여 해나가는 것이다. 서로 상처받고 서로 조심하는 등, 호흡이 척척 맞는 일은 여간해선 없다.

하지만 누군가와 함께하고 싶어하는 여리고 따뜻한 마음은 누구나 품고 있을 것이다.

그런데도 조금이라도 실패하면 지적받을까봐 겁이 나서 발걸음을 내디딜 수 없다. 무난한 이야기를 하면 어찌어찌 그 자리를 넘길 수 있으니 요령 좋게 행동하면 된다고 여긴다. 하지만 그렇게 해서는 점차 고독해진다. SNS를 비롯해 타인과 연결될 도구가 늘어나도 실패를 두려워하는 이상 틀에 박힌 대화가 늘어날 뿐이다.

그건 무얼 위한 커뮤니케이션일까.

'커뮤니케이션 패배자'가 아님을 증명하기 위한 커뮤니케이션? 대체 누구에게 증명하려는 걸까. 나는 실패를 모르는 인간입니다, 이렇게 말이다.

나는 친구와 좀처럼 잘 지내지 못하는 아이였다. 가족과도 사이가 나빴고, 학교와 직장에서도 겉돌며 잘 어울리지 못했다. 정보를 전달하는 직업인 아나운서였음에도 요령이 나빴던 거다.

지금도 불안과 충돌, 오해 같은 건 얼마든지 생긴다.

다만 그걸 실패라 생각하지 않으려고 해왔다. 그랬더니 어쩐지 숨쉬는 게 무척 편해졌다.

내 이야기를 통해 마음이 조금 편해질 사람이 있을지도 모른다는 생각에, 그동안의 숱한 실패담을 떠올리면서 한 권의 책으로 엮어보았다.

실패는 누구라도 한다. 실패하면 쓸모없는 사람이라 생각하지 않아도 된다.

선택하지 않은 인생은 잊어도 좋다

이 책을 펼친 당신은 과연 무엇을 실패라 생각하고 있을까.

무엇을 두려워하고 있을까.

어쩌면 당신이 생각하는 그런 것들은 조금도 잘못된 일이 아닐지도 모른다.

이 책이 당신을 위한 힌트로 쓰인다면 기쁘겠다.

고지마 게이코

제1장

'실패'하는 게
불안한가?

대화에서의
실패는 기회

"큰 결례를 저질렀습니다.
아직 세상 돌아가는 이치를 몰라 정말 부끄럽습니다.
죄송합니다."

나는 '실패'를 이해하는 방식이 남들과 다른 것 같다. 내게는 '실패'가 아닌 일이 일반적으로는 '엄청난 실패'로 받아들여지고 만다.

이를테면 유명한 사람을 초대하는 토크 프로그램에서 벌어진 일이 그랬다.

평소 하던 것과는 달리, 게스트와 함께 술을 곁들인 식사를 하며 진솔한 이야기를 들어본다는 설정으로 프로그램을 기획했다. 그때 프로그램에 나왔던 게스트를 A라 부르겠다. 시종일관 A의 이야기를 듣기만 해서는 프로그램 분위기가 살아나지 않으니 "지금 말씀하시는 게 이런 건가요?", "어머 세상에~" 같은 맞장구를 치며 대화를 이어가고 있었다.

얼마간 이야기를 듣고 있자니, A가 젊은 사람에 대해 "이것도 안 돼, 저것도 안 돼" 하는 식으로 너무 훈계만 늘어놓는 거다. 그래서 "뭐든지 지적만 하시는 거 아녜요?" 하는 식의 말을 했다(정확하게 뭐라 말했는지는 잊어버렸지만). 그랬더니 A가 "이만 돌아가겠네!" 하고는 녹화 도중에 자리에서 벌떡 일어나 화를 내며 나가버렸다.

A 입장에서는 텔레비전 프로그램의 설정이 어떻든 간에, 내 말이 거슬렸던 것이리라. 술이 들어간 탓도 있을지 모르겠다.

하지만 그건 어디까지나 텔레비전 프로그램 안에서 일어난 일이다.

애당초 텔레비전 프로그램이란 건 예능이든 뉴스든 누군가에게 보이는 것을 전제로 한다. 토크 프로그램이라 해서 A와 고지마 게이코라는 개인 대 개인의 리얼한 잡담을 있는 그대로 내보내지는 않는다. 말하자면 대담 형태를 띤 쇼를 시청자에게 상품으로 전달하는 셈이다.

프로그램이라는 '상품'으로서의 대화 속에서 그 사람과 나누는 대화나 그 사람의 매력을 시청자에게 잘 전달하고자 연구를 거듭하는 것이 내 일이다. 설령 내가 A와의 개인적인 대화에서 실례가 되는 말을 내뱉었거나 결례인 행동을 했다면 당장에라도 사과하러 달려가는 게 당연하다.

선택하지 않은 인생은 잊어도 좋다

하지만 이번 경우는 그렇지 않았다. 느닷없이 내가 사과하러 가면 사태는 도리어 꼬이는 쪽으로 흘러간다. 그렇게 생각한 나는 먼저 스태프가 대처한 후 "실례했습니다" 하고 사과하는 게 현명하리라고 판단하고는 상황을 지켜보고 있었다.

다행히 함께 출연한 사람도 눈앞에서 벌어진 일을 조용히 바라보고 있었던 까닭에, 기다리는 동안 프로그램을 위해 차려져 나온 음식이 말라버리면 아깝겠다는 생각에 "모처럼 마련된 거니 드실까요?" 하며 둘이서 맛있게 먹었다. 조금 있다가 A가 무척 기분 좋은 상태로 "거 참, 미안하게 됐네" 하며 돌아왔고, 마지막에는 분위기가 한껏 달아올라 프로그램은 순조롭게 마무리되었다.

그리고 이 모든 게 방송을 탔다. A가 화내며 가버리는 대목, 나와 다른 출연자가 둘이서 음식을 먹으며 기다리는 대목, A가 사과하며 돌아오는 대목에 이어 한껏 고조된 분위기로 끝맺은 마지막 대목까지. 편집이 뛰어났고, 프로그램으로서는 매우 잘 만들어졌다 할 수 있는 수준이었다. 게스트의 매력적인 됨됨이가 그대로 느껴지는 방송이었다.

그런데 말이다. '고지마 게이코, 유명 인사를 화나게 만들다니 완전 실패!' 하며 프로그램 내의 해당 부분만이 인터넷에서 따로 돌아다닌 모양이다.

사람이란 누군가가 '실패'하는 걸 보면 그렇게나 재미있나보다.

'실패'하는 게 불안한가?

남들 앞에 나서는 일을 하는 사람은 자칫 트집을 잡히기 십상이다. 그후 "그 유명한 누구누구를 화나게 했다며?" 하고 농을 던지듯 말을 거는 사람도 있었다. 하지만 이미 끝난 이야기이고, 전에도 몇 번이나 겪은 일이었다. 내게는 그리 드문 경우가 아니었지만, 신나서 내 반응을 살피는 사람을 보고 있자니, 이 사람은 대화에서 실패하는 걸 당치도 않은 잘못이라 여기는 건가 싶었다. 글쎄, 그 정도는 흔히 있는 일이지 않을까.

이런 적도 있었다. 어떤 일을 마친 후, 나보다 나이가 많은 프로그램 관계자가 뒤풀이를 하자고 했다. 내 경험상 프로그램 뒤풀이란 모든 스태프가 모여 "수고 많으셨습니다!"를 외치며 건배하는 술자리일 뿐이다. 그래서 "감사합니다. 그러면 나중에 매니저와 함께 찾아뵙겠습니다"라고 대답했다. 그러자 그분이 "자네는 비상식적인 사람이군. 그게 사회인이 할 말은 아니지 않나?" 하며 화를 내기 시작했다. 이유가 뭔지 곧바로 이해하지는 못했다. 다만 그분이 무척 화를 내고 있다는 건 알았다.

일단 "큰 결례를 저질렀습니다. 아직 세상 돌아가는 이치를 몰라 정말 부끄럽습니다. 죄송합니다!" 하고 정중히 사과했다. 그런데도 "내가 왜 화를 내는지 자네는 알고 있나?" 하고 묻는 거다. 그래서 내가 지금까지 경험한 '뒤풀이'는 대체로 스태프끼리의 친목회 같은 거였다고 솔직하게 대답했다.

선택하지 않은 인생은 잊어도 좋다

그분은 이렇게 말했다. "내가 말하는 '뒤풀이'는 그런 게 아니야. 그럴 거였으면 스태프가 자네에게 연락하겠지? 나는 자네, 그리고 프로그램 책임자인 ○○와 함께 셋이서 식사라도 하면서 느긋하게 이야기를 나눠볼 마음에서였어." 아, 그런 거였구나. 나는 금세 납득했다. 그러고는 비록 망치기는 했지만 이건 기회라는 생각이 들었다. 나는 테스트를 받은 셈이었다.

만일 그분이 나를 성가신 여자라고 봤다면, "그럼 날짜를 정해서 연락함세" 정도로 적당히 받아치면 그만일 터였다. 한데도 일부러 화를 낸다는 건 나와 어떤 관계를 맺으려 한다는 의미이다. 화를 내는 것은 곧 관계가 생긴다는 것. 그렇다면 제대로 해보자고 생각했다.

그 자리에서는 우선 정중히 사과한 후, 집으로 돌아와 밑져야 본전이라는 생각으로 사죄하는 편지를 썼다. 내가 얼마나 생각이 모자랐는지, 방송계에서나 통하는 상식밖에 알지 못하는, 세상 돌아가는 이치를 모르는 인간이었음을 깨우쳤다고 고백하며 진심을 담아 솔직하게 사과했다. 그리고 내게 먼저 말을 걸어주셔서 고맙고, 불쾌하지 않다면 부디 말씀을 들려주십사 하는 희망을 적어내려갔다.

그분은 편지를 받고 무척 기뻐했다. "나도 감정적으로 받아쳐서 미안했네. 자네가 이렇게까지 진심으로 사과하면서 이야기를 들려달라고 솔직하게 말해주니 매우 기뻐"라고 하면서. 나 또한 마음이 통해서 기뻤다.

그분은 결코 나를 거부할 목적으로 화내지 않았다. 내게 조언을 해주려는 마음이 있었던 데에서 비롯된 친절함이었던 거다. 지금도 그분은 내가 크게 의지하는 상담 상대이면서 존경하는 대선배이다.

상대를 화나게 했다고 해서 모든 게 다 허사로 돌아가지는 않는다. 궁지에 몰렸을 때 그걸 기회로 바꿀 수도 있다. 물론 그 자리에서 사과한 다음 그대로 손을 떼면 소원해질 가능성도 있었다. 그러나 저 사람이 어째서 '화를 내는' 형태로 나와 관계를 만들려고 했을까를 생각함으로써 다음 행동을 취할 수 있었고, 그 결과 좋은 관계를 맺을 수 있었다.

제아무리 신중히 이야기를 했다 한들 상대를 화나게 만들 수도 있다. 그렇게 상대가 화를 낸다고 해서 미워하거나 원망해도 소용없는 일이다. 더욱 냉정하게 기회라고 생각하면 되는 거다.

처음부터 합격점을 받는 인간이 우수하다는 사고방식에 사로잡혀 있으니, 상대를 화나게 하거나 실패할 때, 또는 상처 입었을 때 ×표를 받았다고 충격에 빠진다. 그러나 ×표가 생겼을 때 그 ×표를 만회하는 대목에서 그 사람의 인간성이 드러난다고 나는 생각한다.

대화에서 실패했을 때 어떻게 사과할지, 그리고 실패한 후 상대와 어떤 관계를 맺을지는 최고의 프레젠테이션 기회이다.

업무상 흔히 나누는 대화라고 해봤자 '수고하셨습니다', '잘 부탁드립니다' 따위의 틀에 박힌 인사로 마무리한다. 그러나 만일 '실패'한다면 거기서 끝나지 않는, 사과라는 형태의 한 단계 더 깊은 커뮤니케이션 기회를 얻었다고 여기면 그만이다.

실패하는 경우는 얼마든지 있다. 실패하지 않는 사람은 있을 수 없다.

다만 실패했을 때 어떻게 하느냐가 그 사람에 대한 평가를 좌우한다. 어떻게 사과하는가, 실패를 어떻게 처리하는가는 이를테면 자신이 어떠한 인간인지를 알릴 절호의 기회이다. 판에 박은 사과를 할지, 아니면 진심을 담아 표현할지와 같이 그 자리에 걸맞은 판단이 필요하다. 잘 풀린다면 상대와 전보다 더 깊은 신뢰 관계를 맺을 수도 있다.

그러한 기회는 좀처럼 주어지지도 않거니와 만들려고 해도 만들 수 없는 것이다. 그걸 커다란 손실이라 보는 사람과, 일부러 한 일은 아니라 해도 결과적으로 그것이 기회일지도 모른다고 생각하는 사람은 '실패'를 받아들이는 방식이 상당히 다르다.

실패했을 때 어떻게 하느냐가

그 사람에 대한 평가를 좌우한다.

어떻게 사과하는가, 실패를 어떻게 처리하는가는 이를테면

자신이 어떠한 인간인지를 알릴 절호의 기회이다.

상대의 '틀'을
이해하는 것이 대화의 기본

초장부터 받아줄 마음이 없다는 게
빤히 보이는 관계가 있다.
그건 더는 어쩔 수 없는 일이다.

사람에게는 저마다의 '틀'과 '습관'
이 있다. 이 틀과 습관이 맞지 않으면 오해가 생기기 마련이다.
그렇듯 오해가 발생했을 때 관계가 무너졌다고 생각한다면 어른으로서의 관계는 누구와도 쌓을 수 없다.

앞서 예로 들었던 토크 프로그램 같은 경우 A의 커뮤니케이션 스타일 중 하나가 때에 따라 화를 내고 젊은 사람에게 훈계하는 거라는 걸 나중에 들었다.

"놀랐겠지만 그건 일종의 통과의례 같은 거지. 자주 있는 일이라니까."

요컨대 텔레비전 프로그램에서의 커뮤니케이션 '틀'과 A의 커뮤니케이션 '틀'이 달랐던 데에서 해프닝이 벌어지고, 프로그램 형식을 뛰어넘는 생생한 대화가 펼쳐진 것이다.

방송국 아나운서였던 시절, 정치나 재계 쪽 사람과 만날 기회가 많았기 때문에 의례적 인간관계를 형성하는 방식이 어떤 것인지를 자주 보곤 했다.

A 외에도 처음부터 일갈하거나 고압적 태도로 나와서 상대를 벌벌 떨게 만드는 타입의 사람은 실제로 꽤 있다. 하지만 그걸 진지하게 받아들여 주뼛거리며 대응하지 말고, 이건 커뮤니케이션의 한 '틀'이라고 이해하고서 먼저 예의를 다할 것. 그렇게 하면 상대도 "오, 자네는 뭘 좀 아는군" 하며 비로소 관계의 시작을 열어준다. 그러므로 두려워할 필요는 없다.

방송계에는 방송계의 방식이 있듯이 정계에는 정계의, 재계에는 재계의 관례 같은 것이 존재하며, 그 사람 나름의 커뮤니케이션 양식이라 부를 만한 것이 반드시 있다.

내가 그걸 처음으로 깨달은 건 실은 고등학생 때였다.

나는 도쿄 교외에 자리한 신흥 주거 지역의 샐러리맨 가정에서 태어나 자랐다. 소학교를 마치고는 재벌 자녀들이 다닐 법한, 중학교에서 고등학교로 자동으로 진학되는 학교에 시험을 치르고 입학했다. 그 학교에서는 아침에 선생님이나 친구와 만나면 "오하요고자이마스(おはようございます)"가 아니라 "고키겐요(ごきげんよう)"*라 인사했다. 하굣길도 "사요나라"나 "바이바

선택하지 않은 인생은 잊어도 좋다

이"가 아니라 "고키겐요"였다.

밤낮 가리지 않는 "고키겐요"라는 인사는 ○○학교라는 폐쇄된 사회에 존재하는 하나의 양식이었다. 같은 집단에 소속된 인간임을 서로 확인하기 위한 일종의 암호였다.

하지만 학교 바깥으로 한 발짝이라도 나가기만 하면 조금도 통용되지 않는 암호다.

언젠가 방송계 사람이 "기롯폰에서 시스 먹고, 돌아갈 땐 시타쿠로(롯폰기에서 스시 먹고, 돌아갈 땐 택시로)"**라고 했던 것과 비슷한 느낌 아닐까. 정말 그런 식으로 말했는지는 뚜렷하게 기억나지 않지만.

집 근처 채소가게 아주머니에게 "고키겐요" 하고 말을 건네본다 한들 별 해괴한 걸 다 보겠다는 눈으로 나를 쳐다볼지언정 "오늘은 이 물건이 좋아" 하는 살가운 대답이 돌아오지는 않으리라. 장소에 따라 사용하는 '틀'이 잘못됐다는 뜻이다.

때로는 통하지 않는다는 걸 알면서도 자신의 '틀'을 밀어붙이는 경우도 있다. 이를테면 "어머, '고키겐요'라는 인사, 모르세요?" 하는 식이다. 상대에게는 불쾌한 느낌을 줄 것이다. '틀'은 그렇게 쓰라고 있는 게 아니다.

누군가와 대화를 하고 싶다면 먼저 상대의 커뮤니케이션 '틀'과 '습관'을 파악한 다음, "저는 당신의 '습관'을 이해해요. 그 '습관'에 맞춰 당신과 좋은 관계를 쌓고 싶어요"라는 뜻을 분명히 하면 된다.

이것이 대화의 기본이다.

오해가 생기면 예의를 갖춰 설명한다. 상대가 나와 대화하려고 하는지, 아니면 두말없이 나를 거절하려고 하는지는 이야기해보면 자연스럽게 알 수 있다.

설령 상대의 방식이 화를 내거나 또는 무뚝뚝하게 응대하는 것이라 해도, 어디까지나 대화를 나누고자 하는 상대의 마음이 느껴질 때는 나도 그에 응하면 된다.

하지만 이야기를 하다가, 내가 어떤 식으로 나선다 한들 상대의 목적이 오직 나를 거절하는 데에 있다는 느낌이 들면, 지금까지의 경험상 내게 잘못이 없을 경우 내가 미처 살피지 못한 이유가 따로 있겠거니 하고 생각하는 편이다. 그리고 어쩌다 그런 조합이 빚어졌을 뿐이라고 받아들이고 조용히 거리를 두면 그만이다.

이런 일이 있었다. 그때까지 여러 면에서 친절히 대해주었던 손위 여성이 어느 날부터 갑자기 나하고는 조금도 말을 섞으려 하지 않았다. 코앞에서 인사를 해도 대꾸조차 없다. 정말이지 충격이었다. 원인이 무엇인지 짐작 가는 데가 전혀 없었기 때문에 나는 우울함에 빠졌다.

그리고 결론을 내렸다. 이유는 알지 못하지만 아마 내가 들어

가서는 안 되는 그녀의 영역에 어쩌다 우연히 발을 들여놓았을 뿐이리라고. 나는 물론 그녀를 괴롭힐 마음이 없었고, 그녀로부터 "들어오지 마"라는 말을 듣지도 않았다. 그저 불행과 맞닥뜨린 것이다.

처음에는 그녀에게 무시당하는 일을 큰 실패라 여기기도 했고 내가 흠이 많은 인간인가 싶기도 했는데, 그런 경우에는 포기도 가능하다. 내게는 어찌할 도리가 없었다는 식으로 말이다.

물론 화도 났고 슬펐지만 언제까지고 내 어디에 잘못이 있는지 생각해본대도 방법이 없다. 오히려 나는 그렇게 마음의 여유를 잃어버리고 타인을 무시하는 쪽이 아니라, 상처는 받지만 무시당하는 쪽이라서 다행이라고 생각하게 됐다.

몇 년이 지나, 어느 날 그녀가 "요새 열심히 하더라" 하며 말을 걸어왔다. 어째서인지는 모른다. 그저 뭔가 좋은 일이 있었던 것일 수도 있다. 그렇다면 그녀가 그때 나를 무시한 것도 남자친구와 사이가 좋지 않았거나 그냥 사소한 일로 언짢아서 그랬던 건지도 모른다. 그렇게 생각할 수 있게 됐다.

사실 지금까지 그런 일들은 적잖게 있었다.

궁합이라고 해야 할까, 아무튼 상대가 초장부터 받아줄 마음이 없다는 게 빤히 보이는 관계가 있다. 선배나 후배, 상사나 부하, 이웃 사이에서도 있을 수 있다. 그건 더는 어쩔 수 없는 일이다. 지켜보는 사람에게는 '실패'처럼 보일지 모르지만, '그렇게

난리법석을 떨 일일까?' 하는 생각이 든다. 자주 있는 일이니까.

누구에게도 미움받지 않는 것이, 그렇게나 자랑스러울까?

미움받지 않는 것을 자랑이라 여기는 사람을 나는 이해하지 못한다. 연예인도 아닌 이상 누구도 인기 순위 같은 걸 매기지 않으니까. 게다가 아무리 연예인이라 한들, 남에게 미움받은 적이 한 번도 없었을 리 만무하다.

★ 만날 때나 헤어질 때 두루 쓸 수 있는 인사말로, 대중적으로 쓰이는 말은 아니다. 원래는 무로마치 시대에 궁중 여성들이 기품 있고 우아한 말로서 쓰기 시작한 '뇨보코토바(女房ことば)'에서 유래했다고 한다.
★★ 원문은 "ギロッポンでシース食って、帰りはシータクで"로, 한때 일본 연예계에서 흔히 했던 말장난 중 하나다.

오 해 가 생 기 면 예 의 를 갖 춰 설 명 한 다 .

상대가 나와 대화하려고 하는지, 아니면 두말없이 나를 거절하

려고 하는지는 이야기해보면 자연스럽게 알 수 있다.

모든 대화에는
'목적'이 있다

목적이 없는 대화를 함께 즐길 수 있는
상대는 인생에서 몇 명 정도면 된다.

내가 하는 일에서 중요한 것은, 대화 속에서 상대를 돋보이게 하는 일이지 상대가 나를 마음에 들어하도록 하는 게 아니다.

신문 기사를 읽거나 텔레비전을 본 사람이 '이런 사람이 있었구나' 하며 눈길을 주거나, '이 사람 괜찮네'라고 생각하게 하는 것이 중요하다. 내가 해야 할 일은 '그 사람의 매력을 전달'하는 프로그램이나 신문 기사, 즉 상품을 만드는 것이다.

달리 표현하자면 상대가 나를 마음에 들어하는 건 정보도 아니고 상품도 아니다. 시청자와 독자의 이익과도 관계없다. 현장에서 일일이 '개인적으로 친해지지 못했으니 이건 '실패'한 거야'

라며 비굴해지다가는 상대의 좋은 부분도 끌어내지 못하며 누구도 득을 보지 못한다.

그 자리는 무엇을 위한 자리인가. 어떤 정보가 가장 중시되는가. 이러한 점을 최우선으로 한다는 것은 내가 종사하는 분야에 국한되지 않으며 일상적인 대화에서도 마찬가지다.

목적만 뚜렷하다면 자신이 상대에게 어떻게 평가되었는가에 과도하게 신경쓸 필요는 없다. 목적을 이룬다면 설령 시시한 인간이라 여겨진다 해도 상관없다. 업무 현장이 원활하게 진행되는 것으로 족하다. 학교에서 선생님이 기분좋게 리포트를 받아준다면 그걸로 충분하다. 그렇게 생각하면 '나를 이해해주었을까' 따위로 괴로워하지 않아도 된다.

목적은 무엇인가. 대부분의 대화에는 목적이 있다.

목적이 없는 대화를 함께 즐길 수 있는 상대는 인생에서 몇 명 정도면 된다. 그 밖에는 눈앞에 있는 사람과의 관계에서 어떠한 목적을 달성해야 할지를 최우선으로 삼고 그 목적을 위해 사람으로서 갖춰야 할 기본적 예의를 다하는 것으로 충분하다.

그러한 의미에서 보자면, 설령 그 자리가 화기애애했다고 해도 그 사람의 매력을 조금도 전달하지 못하거나 또는 이미 잘 알려진 이야기 이상의 것을 끌어내지 못했다면 그건 내게 '실패'다. 내가 상대의 마음에 들어 서로의 연락처를 교환하고 함께 식사를 하는 사이가 되었다 해도, 원래 목적은 거기에 있지 않기 때문이다.

실제로는
커뮤니케이션 패배자?

"술자리에 참석 안 하는 건 말도 안 돼!"
"그토록 오라고 해도 안 오는 건 비상식적이라고!"

나는 술자리나 여자들끼리만 갖는 모임을 좋아하지 않는다. 특히 후자는 참석해본 적이 거의 없다.

별 이유 없이 모여서 요즘 잘 지내느냐거나 본인은 이러저러하게 지낸다며 이야기를 주고받는 행위의 의미를 모르겠다.

보고 싶은 사람이 있다면 일대일로 만나 이야기하면 될 것을! 그래야 느긋하게 대화를 나눌 수 있다고 생각하곤 한다.

무엇 때문에 시간과 돈을 들여서, 사실은 서로가 무슨 생각을 하는지 살피려는 사람들끼리 모여 먹고 마시는 것인지. 물론 그렇지 않은 모임도 있을 테지만.

이런 일이 있었다. 일을 하다 알게 된 사람에게 초대를 받아

참석한 술자리에서, '예전에 사귄 남자친구에게 들었던 말 중 내 마음을 가장 사로잡은 말'을 앉은 순서대로 이야기하자는 것이었다. 후끈 달아오르는 분위기와는 달리, 정작 나는 조금도 관심이 가질 않았다.

그렇지만 일단은 나도 어른이니, 그 자리의 분위기를 깨지 않으려고 화제에 동참하기는 한다. 그래도 무얼 위해서 그런 고백을 하고, 또 남의 고백을 듣는지, 그래서 무얼 얻을 수 있다는 건지 잘 이해되지 않았다.

그런 식으로 함께 술을 마신다 한들, 술을 마시지 않는 경우보다 일이 잘 풀린다는 보장도 없다. '대체 뭐하자는 거지?' 싶었다. 하지만 어쩌면 그 자리에 있었던 모두가 같은 생각을 하면서 그저 열심히 분위기를 맞추려고 했을지도 모른다. 내 생각이 맞다면 모두 동지였던 셈이다.

달리 생각해보자면 그 모임의 목적은, 그런 유희가 재미있으리라는 생각에 자리를 마련한 사람의 기분에 맞춰주려는 것이었을 수도 있다. 그렇다면 그 모임은 결코 쓸모없지만은 않았을 것이다…… 아니, 잠깐만. 정말로 유의했을까?!

이런 생각을 입 밖으로 꺼내면 "차갑다"거나 "친구 별로 없겠다"라고 말하는 사람들이 있다. 그들은 마치 내가 '커뮤니케이션 패배자'인 양 취급한다.

그러나 사실은 그런 자리가 부질없다고 생각하는 사람들이 모여 화기애애한 인간관계를 맺는 걸로 스스로가 승인받았다고도, 모종의 무언가를 손에 넣었다는 증표가 된다고도 생각하지 않는다. 물론 그것을 대단히 소중히 여기는 사람들을 부정하고 싶은 마음은 조금도 없다. 나와는 가치관이 다를 뿐인 거다.

하지만 '요즘 젊은이들에게 한마디'라는 주제의 거리 인터뷰에서 "술자리에 참석 안 하는 건 말도 안 돼!", "그토록 오라고 해도 안 오는 건 비상식적이라고!" 하며 술주정하는 샐러리맨들을 보면, 무심결에 "당연히 안 가지!" 하고 혼잣말을 하고 만다.

선택하지 않은 인생은 잊어도 좋다

그 자리에 있었던 모두가 같은 생각을 하면서 그저 열심히 분위기를 맞추려고 했을지도 모른다.

내 생각이 맞다면 모두 동지였던 셈이다.

귀속 집단이 없는
사람은 낙오자인가?

어느 한쪽이 좋고 나쁘고의 문제는 아니다.
견해가 다른 것이다.

자주 어울리는 여자들끼리의 모임
이라는 것도 나는 영 좋아지질 않는다.

이렇게 말하면 "그렇지 않아. 여자들만 모이면 엄청 즐겁다
구! 좋은 사람들도 잔뜩 있고" 하며 열띤 가르침을 선사하려는
사람도 있다. 그럴 때면 문득 그녀는 여자들끼리만 갖는 모임의
가치를 대놓고 강조하면서 대체 무엇을 지키려는 걸까 싶다.

그녀에게는 귀속 집단의 존재가 곧 스스로의 가치를 증명하
는 일일지도 모른다. 한편 '귀속 집단이 없다'는 것은 다시 말해
'뒤처진 사람' 또는 '소외당한 사람', 이른바 인생의 낙오자라는
사고방식을 지닌 사람도 있는 듯하다.

선택하지 않은 인생은 잊어도 좋다

그런 사람들 입장에서는 엄마 친구나 여자들끼리의 모임, 직장에서의 술자리, 골프 친구든 뭐든 상관없지만, 어떠한 집단에 속해 있지 않다는 것 자체가 부끄러운 일이다. 어디에, 혹은 누군가에게 초대받지 못한다는 사실이 부끄러운 것일지도 모르겠다.

그건 꽤나 사람을 지치게 만드는 가치관 같다. 딱히 무리 짓지 않아도 괜찮지 않은가.

앞으로도 그런 가치관을 지닌 사람들과는 영원히 어울릴 수 없겠다는 느낌이 든다. 어느 한쪽이 좋고 나쁘고의 문제는 아니다. 견해가 다른 것이다.

물론 팀워크를 발휘해야 하는 업무 관계에 있거나 회사에 다니는 사람은 그렇게 해야 자리를 보전할 수 있으니 이와는 별개의 문제다. 다 함께 일을 별 탈 없이 해나가려는 목적이 뚜렷하게 있으니까.

가장 이해하지 못하는 건 사적인 자리에서, 정말 사이가 좋은 경우는 차치하고, 뒤에서 속닥거리며 험담을 주고받고 남편의 연봉이나 출세를 위한 포지션을 비교하며 아이들 학교 수준을 재는 사람들. 그런데도 정기적으로 모이는 걸 보면 대체 무엇 때문인지 정말 신기하다.

이런 나를 가리켜 모두들 '냉정하다'고 하지만, 한자리에 모여 술을 마시며 보이지 않는 곳에서 험담하는 쪽이 훨씬 더 냉정하

'실패'하는 게 불안한가?

고 무섭다.

보고 싶지 않은 사람은 처음부터 보지 않는 편이 서로 평화롭게 살아갈 수 있는 길이다.

하지만 그런 자리에 참석하지 않는 것만으로 '커뮤니케이션이 서툰 사람'이라거나 '실패'라고 여기는 사람도 있다. 얼마간의 네트워크에 본인의 머물 자리가 있으면 분명 안심할 수 있다. 그걸 부정할 마음은 없다.

그러나 모임에 오지 않는 사람을 '냉정하다'거나 '우리 편이 아니다'라며 배제하려는 사람과 만나면 오싹해진다. 이 사람은 대체 무얼 정당화하려는 걸까 싶어서.

선택하지 않은 인생은 잊어도 좋다

'엄마 친구'가 한 명도 없으면 실패한 것인가?

나 나름대로 '엄마 친구'를 정의하자면,
'아이의 인간관계상 얽히지 않을 수 없는 엄마들'이다.

'엄마 친구'라는 말에는 위화감이 든다. 친구라면 그냥 '친구'라 불러도 될 것을, 굳이 '엄마 친구'라 부른다는 건 친구가 아니란 뜻이다.

나 나름대로 '엄마 친구'를 정의하자면, '아이의 인간관계상 얽히지 않을 수 없는 엄마들'이다. '같은 지역이나 학교, 학원 등에 속해 있는 아이의 엄마들이 정보를 나누기 위해 의식적으로 만들어낸 집단. 아이들끼리의 좋은 인간관계를 유지하기 위해 엄마인 나와 엄마인 당신이 편의상 맺은 친구 관계.' 이것이 '엄마 친구'다.

아이를 키울 때 엄마 친구가 편리한 존재인 건 맞다. 아이가 집단생활을 원만히 하려면 보호자들도 서로 긴밀히 연락을 주고받는 편이 좋으니까.

당초의 목적은 그러했을 테지만 언제부턴가 자신의 행복을 확인하기 위한 비교 놀음을 하고, 엄마 친구 사회에 자리를 잡았다는 걸 증명하기 위한 관계에 그치는 등 목적이 뒤바뀐 것처럼 보이기도 한다. 엄마 친구가 많다는 사실이 훌륭한 엄마의 필수조건인 양 변질되었다는 인상도 받는다.

개그 코드가 같거나 취미가 비슷하다는 이유로 자연스럽게 가까워진 사이가 아니라 어떤 목적을 위해 함께 엮인 관계이니, 그걸 유지하려면 끊임없이 관리해야 하고 노력을 쏟아야 한다.

그렇게 하는 게 별로 힘들지 않은 상대라면 상관없는데, 개중에는 영 맞지 않은 사람도 있다. 그럼에도 관계를 유지해야 한다고 굳게 믿는 건 '내가 엄마 친구 사회에서 잘하지 못하면 아이가 따돌림을 받을지도 모른다'는 두려움 때문이다. 상당히 괴로운 일이다.

엄마 친구와의 관계로 고민하는 사람의 상담을 곧잘 받곤 한다.

엄마 친구는 육아 사회에서 귀속 집단이라는 의미를 지닌다. 하지만 나는 친구는 있어도 엄마 친구는 없다. 이걸 실패한 것이라 여기면 실패도 그런 실패가 없겠지만 나는 엄마 친구 사회와 맞지 않는다. 내 성향을 긍정하며 무리하지 않기로 했다. 엄마 친구 사회에서 붙임성 있게 처신하지 않아도, 뭐 어떻게든

선택하지 않은 인생은 잊어도 좋다

되겠지 하는 마음으로 산다.

아이가 걱정된다면 엄마 친구들과 세상 돌아가는 이야기를 주고받기보다 어린이집이나 유치원, 학교의 선생님들과 자주 이야기하는 게 낫다. 실제로 나부터도 그렇게 해왔고, 육아에 관한 건 전부 남편과 상의하는 터라 엄마 친구가 있어야 한다고 느낀 적이 거의 없다.

물론 만나서 이야기하는 게 즐겁고, 마음이 맞는 엄마들도 있다. 그러나 그녀를 '엄마 친구'라고 생각하지는 않는다. 버젓이 있는 그녀의 이름 대신 '누구누구 엄마' 하는 식으로 아이 이름을 붙여 부르지도 않는다. 하물며 '엄마 친구가 한 사람 더 생겼다!'라며 뿌듯해하지도 않는다.

여학교 출신이라서 잘 알고 있는 사실이 있다. 여자들이 대거 모인 곳에는 감시 시스템이 생겨난다. 감시 사회가 된다는 이야기다. 여성은 으레 "우린 함께잖아" 하고 말하곤 하는데, 그 이면에는 '너 먼저 선수 치기 없기야'라는 암묵적 전제가 깔려 있다.

여자들끼리 꾸린 집단은 이단(異端) 성향을 띤 여자를 용납하지 않는다. 거기에다 아이나 남편이라는 요소가 더해진 엄마 친구 사회에서는 남편의 학력과 소득, 아이의 입시 같은 걸 비교하기 시작한다. 서로 속을 떠보며 상대의 행복을 잰다. 이 얼마나 피곤한 관계인가!

'실패'하는 게 불안한가?

나는 남들 사는 이야기에 귀를 쫑긋 기울이고 비교 놀음을 하는 걸 무척 싫어한다. 엄마 친구 사회의 가치관에 도저히 익숙해지지 못하겠다는 걸 깨닫고 나서는, 억지로라도 그 사회의 일원이 되어야 한다는 생각을 접었다.

엄마 친구 사회에 깊게 관여하고 싶지 않은 사람에게는, 새학기가 시작되어 같은 반 학부모들과 처음 만날 때 너무 적극적으로 나서지 않는 전략을 권한다. 낯을 가린다는 걸 온몸으로 드러내면서 얌전히 있으면 상대도 '저 사람은 아무래도 그럴 마음이 없나보다' 하기 때문에, 엄마 친구 사회에 그리 깊게 휘말리지 않을 수 있다.

물론 무리를 해서라도 엄마 친구를 만들어야 하는 사람, 엄마 친구 사회에 휘말려 고민하고 있는 사람도 있으리라. 또한 반대로 아이를 키우는 게 외로워 불안해하는 사람도 있을 것이다. 엄마 친구는 결코 나쁜 존재는 아니지만, 만일 엄마 친구가 한 명도 없음을 실패로 여긴다면 '그렇지 않다!'고 말해주고 싶다.

엄마 친구 사회에 안착하지 못했다는 이유로, 스스로가 본질적으로 인간관계를 제대로 맺지 못하는 인간이라 여기지 말자. 스스로의 인격 자체가 부정당했다고 생각하지 않아도 괜찮다. 나를 무리에 받아들여줄 인간관계의 숫자를 늘려야 한다는 사고방식으로는 불안은 해소될 수 없다.

내 이야기를 잠깐 해보자면, 남편이나 아이들과는 제대로 된

선택하지 않은 인생은 잊어도 좋다

신뢰관계를 쌓았고, 남편과 아이들에 대해 더 알고 싶어한다. 또한 그들이 나에 대해 더 알아주길 바란다. 그걸로 충분하다.

관계의 수가 지금 이상으로 확대되지 않는다고 해서 스스로의 인생이 볼품없다고, 인간으로서의 매력이 없다고 생각하지 않아도 된다. 그러니 지금 육아중인 사람은 모쪼록 엄마 친구가 적다는 일 따위로 고민하지 마시기를!

'실패'하는 게 불안한가?

관계의 수가 지금 이상으로 확대되지 않는다고 해서

스스로의 인생이 볼품없다고, 인간으로서의 매력이 없다고

생각하지 않아도 된다.

내가 엄마 친구를
만들지 않는 이유

여자의 내면에는,
절대로 발을 들여놓아서는 안 되는
지뢰 지대가 존재한다.

사실 나는 인간관계를 맺는 데 겁을 많이 낸다.

어떤 사람의 호의를 있는 그대로 받아들이거나, 아니면 그 사람에게 기대는 일을 잘 못하겠다. 어린 시절 전학을 자주 다녀 힘들기도 했고, 아홉 살 차이 나는 언니의 존재감이 컸던 것도 있다.

9년이라는 시간 동안 줄곧 외동딸로 살았던 언니 입장에서 보자면, 어느 날 갑자기 나타난 동생은 부모의 사랑을 빼앗아간 존재다. 아마도 언니는 자신이 너무나 부당한 대우를 받고 있다고 여기며 힘들어했을 거다.

그런 줄도 모르고 나는 언니에게 어리광을 부리려 했다. 놀아달라고 할 요량으로 언니에게 다가가면 별것 아닌 일로 매몰차게 거절당했다. 언니와 사이좋게 지내고 싶었지만, 금세 혼나거나 거부당하기 일쑤였다. 내가 들떠 있으면 언니는 내 마음속 가장 연약한 부분을 노려 공격해왔다.

아이들 사이에서는 자주 있는 반격 패턴이지만 나는 그게 너무 무서웠다.

언니는 내게 여러 가지를 가르쳐주는 동경의 대상이자, 언제 냉담해질지 모르는 긴장감을 안겨주는 존재이기도 했다. 친해지고 싶었고, 내게 따뜻하게 대해줬으면 좋겠다고 생각했다. 사이좋게 지내고 싶었다. 하지만 언니가 조금이라도 잘해줬을 때 그게 기뻐서 들썩이면, 언니는 내게 보여준 호의를 금세 거두었다. 마치 주인에게 언제나 매 맞는 개가, 주인이 손을 들어올린 순간에 또 맞으리라고 생각해 반사적으로 움츠러드는 것처럼, 나는 상대가 마음을 연 그 순간에 분명 곧 거부당할 것 같아 한 발짝 물러나고 만다.

그런 탓인지, 나는 지금도 여자가 무섭다. 빈틈을 보였다간 독이 묻은 침으로 나를 찌를지도 모른다는 생각에 긴장한다.

그래서 여자들끼리 모인 집단도 별로 가까이하지 않게 됐다.

여자는 상대가 자신의 프라이드를 위협하지 않는 선에서는 친근하게 굴지만, 차이가 조금이라도 생기면 즉시 공격하기 시작한다. 그리고 여자의 내면에는, 절대로 발을 들여놓아서는 안되는 지뢰 지대가 존재한다. 그런 데에 둔한 나는 그런 지뢰 지대에 발을 내딛는 식의 실패를 수없이 되풀이해왔다.

사실 이는 남녀를 불문하고 인간관계 자체에서 종종 일어나는 일일 수도 있다. 그런데 어째서인지 내게는 여자의 마음이 어떻게 움직이고 달라지는지를 제대로 파악하지 못하는 구석이 있다. 그래서 여자 사회에서는 비상식적이라고 할 만한 말과 행동을 하고 만다.

그런데다 여자들끼리 무턱대고 서로 칭찬해대며 각자의 사랑 이야기를 늘어놓는 자리 역시 유감스럽게도 따분하다. 취향의 차이겠지만 왠지 좀처럼 익숙해지지 않는다.

남자는 애초부터 다른 생물이라 여기기 때문인지, 불쾌한 말을 들어도 그렇게까지 충격을 받지는 않는다. '기분 나쁜 녀석 같으니!'라고 생각은 하지만, 만일 그런 말을 여자가 했다면 느꼈을, 불의의 습격 같은 느낌은 적다.

따지고 보면 나는 여자에게 지나치게 기대하기 때문에 충격 또한 크게 받는 것 같다. 마음속으로는 무척이나 사이좋게 지내고 싶어서 과민한 반응을 보이는 것일지도 모른다.

'실패'하는 게 불안한가?

나는 지금도 여자가 무섭다.

빈틈을 보였다간 독이 묻은 침으로 나를 찌를지도

모른다는 생각에 긴장한다.

SNS를 그만둬도
인생의 낙오자는 아니다

억지로 행동을 함께할 필요는 없다.
반드시 무리를 짓지 않아도, SNS 따위 그만둬도 좋다.

페이스북을 즐기는가? 분명 쓸모 있는 도구이기는 하다. 페이스북을 통해 진심으로 마음을 열 수 있는 친구를 얻고, 하는 일에 도움을 받을 수 있다면 행복할 것 같다.

하지만 그런 경우가 아니라 단지 머물 곳이 필요할 뿐이라면 대체 무엇을 위해서인가? 누군가에게 뭔가를 증명하고 싶어서? 누구에게? 무엇을? 모종의 불안을 해소하고자 하는 거라면, 올린 글이나 사진에 다른 사람들이 '좋아요!'를 눌러준다 해서 불안이 진짜 해소될까?

물론 페이스북은 무척 편리한 도구다. 단지 속으로는 진짜 좋아하지도 않으면서 의무감으로 SNS를 하거나, SNS를 하지 않으

'실패'하는 게 불안한가?

면 뒤처지는 것처럼 보일까봐 불안해져서 발을 들인 사람은 지금 무척 피곤한 일들을 겪고 있겠구나 싶다.

만일 그렇다면 조금도 신경쓰지 말자. SNS를 하지 않아도 아무 상관없다. SNS의 세계에 머물지 않는다고 해서 가치 없는 사람이 되는 건 아니다.

억지로 행동을 함께할 필요는 없다. 반드시 무리를 짓지 않아도, SNS 따위 그만둬도 좋다는 생각으로 세상을 바라보면 무소속파는 얼마든지 존재한다. SNS를 적극적으로 쓰는 사람이 옳다고 여기면 다른 것이 눈에 들어오지 않게 된다. 하지만 실제로 그렇지는 않다. 그걸 '실패'라 생각하지 말기를.

요즘 여기저기서 'SNS 피로'라고들 이야기한다.

자신이 단 댓글에 대한 반응에 지나치게 신경쓰고, 친구의 댓글에 일일이 답을 달아줘야 한다는 의무감에 피곤해하고, 하루 중 SNS에 쏟는 시간이 길어지는 데 따른 정신적·육체적 피로가 쌓여가는 사람들이 점점 늘어나고 있다고 한다.

SNS 때문에 지쳤다면 나처럼 때로는 페이스북을 잠깐 쉬어보자. 하루, 그리고 또 하루, 다른 사람이 베란다에서 키우는 식물의 키가 자랄 때마다 '좋아요'를 누른대서야 피곤하기 짝이 없다. 지인의 아이들은 귀엽기야 하겠지만 그 아이들이 매일매일 어떻게 지내는지까지 알고 싶진 않다. 솔직히 말하면 그렇다.

'SNS 때문에 피곤하다=비인간적이다' 같은 공식은 없다.

다른 사람을 사랑하고 다른 사람과의 관계를 중요하게 여기는 것과, SNS에서 남들에게 보여주는, 끼리끼리의 일상적인 동맹 관계 확인은 결코 같지 않다. 오히려 날마다 확인해야만 하는 관계라면 피로가 쌓여갈 뿐이다.

진심으로 신뢰하는 친구는 1년에 한 번 연락하기만 해도 충분하다.

이를테면 나와 가까이 지내는 친구 중 하나는 수시로 여행을 떠나는 바람에 1년에 한 번밖에 만나지 못한다. 하지만 20년 동안 사귄 친구다. 페이스북에 그 친구가 '지금은 밀라노에 와 있다' 같은 글을 올리고 거기에다 내가 '좋아요'를 누르는 식의 커뮤니케이션은 해본 적이 없다. 수시로 안부를 꼼꼼히 묻고 답하지 않아도 서로가 신뢰로 묶여 있으니 그걸로 된 거다.

만일 SNS 때문에 지쳤다면 지금 당장 그만두자. SNS를 하지 않는다고 해서 결코 인생의 낙오자는 아니다.

그렇지만 SNS 덕분에 기뻤던 적도 있다.

라디오 DJ를 할 때 사연을 자주 보내주던 애청자들이 몇몇 있었다. 그런데 그 사람들이 트위터를 통해 서로 알게 되어 오프라인 모임을 열고 공개 방송에도 참여했다. '방송 끝나고 함께 술 마시러 왔습니다!'라는 메시지와 함께 트위터에 올라온 사진을 보니 정말 즐거워 보였다. 와준 사람들 모두 사이가 좋은 것 같았다. 라디오 프로그램이 끝나고 나서도 그와 같은 인간관계가 이어지고 있음을 알게 됐고, 내가 맡았던 프로그램이 적어도 그들을 이어주는 매개체가 되어 기뻤다. 그들은 라디오를 무척 좋아했고, 개그 코드도 같았다. 그들이 서로를 만날 자리를 라디오가 마련해준 셈이니, DJ를 하길 잘했다고 생각한다.

하지만 자리를 위한 자리, 회의를 위한 회의, 모임을 위한 모임에 억지로 참여할 필요는 없다.

SNS도 계속해서 새로운 것들이 등장하고 있으니, 저마다의 상황에 맞게 적절한 서비스를 골라 이용하면 그만이지 싶다. 도구가 사람의 가치를 정해주지는 않으니 말이다.

선택하지 않은 인생은 잊어도 좋다

하루, 그리고 또 하루, 다른 사람이 베란다에서 키우는 식물의

키가 자랄 때마다 '좋아요'를 누른대서야 피곤하기 짝이 없다.

지인의 아이들은 귀엽기야 하겠지만 그 아이들이 매일매일 어떻

게 지내는지까지 알고 싶진 않다.

오해받는 것도,
욕먹는 것도 당연한 일

살아 있다는 건, 달라진다는 뜻이다.
그 변화에 따라 잃는 것도 있고 얻는 것도 있다.

회사를 그만두는 사람이 이야기하는 퇴사 이유는, 그만둘 마음이 없는 사람에게는 먹히지 않는다.

정년퇴직할 때까지 쭉 일하고, 회사가 하라는 대로 일하는 게 '선'이라 여기는 사람에게 회사를 그만두는 사람은 '악' 그 자체다.

일을 한다는 것은 곧 세상에 도움이 된다는 뜻이다.

여기에는 다양한 방식이 존재한다. 회사에 속한 상태에서 할 수 있는 게 있고, 그렇지 않은 것도 있다. 회사원의 입장이 아니라 다른 형태로 일을 하는 게 능력을 살릴 수 있으며 세상에도 도움이 될 수 있다고 여기는 사람에게 회사를 그만두는 건 자연스러운 일이다. 어느 쪽이 옳은지, 정답은 없다. 생각의 차이일 뿐이므로 상대의 입장을 이해하기란 불가능하다.

곧 회사를 그만두고자 하는 사람에게 조언해주고 싶은 게 있다. 사전에 아무리 이야기를 잘해본들 회사 내 누군가는 불쾌해할 것이고, 잘못했다가는 돌이라도 들고 쫓아올 것이라고 각오해두길 바란다. 그도 그럴 것이, 보는 세계가 다르기 때문이다. 물론 관련 절차는 제대로 밟자. 내가 말하려는 건 어디까지나 감정에 관한 이야기다.

회사를 그만둘 이유가 없는 사람에게 회사를 그만두는 사람은 절대적 이단이다. 그러니 그만두려고 하는 사람은 그러지 않는 사람이 자신을 이해해주지 않는다 해도, 자신이 나쁜 사람이 되어도 어쩔 도리가 없다고 마음의 준비를 미리 해두자.

험담도 듣지 않고 원망도 받지 않고서 현재 상태를 변화시켜 자신의 목적을 이루려 하는 건 어차피 무리다.

어떠한 일이든 간에 지금 상황을 스스로의 의지로 바꾸려 할 때, 또는 취사선택해야 할 때는 반드시 불쾌하거나 말이 통하지 않는 사람이 생긴다. 보는 세계가 다르니까. 오해든 미움이든 받으면 받는 대로 내버려두자. 그걸 받아들이지 않는 이상 아무것도 결단내릴 수 없다.

누구에게도 미움받지 않고, 그 누구도 불쾌하게 만들지 않고서 살아가고자 한다면, 자신의 의지와 욕망을 버릴 수밖에 없다. 그런 인생은 얼마나 괴로울 것인가. 뭔가 하려고 마음을 먹었다면, 오해를 사고 욕을 먹는 일 따위는 당연한 거다. 그건 실패도 아니고 아무것도 아니다.

게다가 그 대부분은 시간이 해결해준다. 나 또한 회사를 그만둔 지 3년이 지났지만, 이제는 힘내라며 응원해주는 사람들이 많다. 그만둘 당시에는 화를 냈던 사람들과도 지금은 자연스럽게 이야기를 나누곤 한다.

어떠한 일이라 한들 한때라 생각하자. 갈라서거나 충돌을 빚은 채 원래대로 돌아가지 않은 인간관계가 있다 해도 그게 전부는 아니다. 살아 있다는 건, 달라진다는 뜻이다. 그 변화에 따라 잃는 것도 있고 얻는 것도 있다.

억압된 심리를 끌어안고 있는
사람일수록 악담을 늘어놓는다

누구나 자신이 머무는 세계의 평온함을
지키기 위해 이런저런 일을 부정하거나
거절하니까.

회사에 국한된 이야기는 아니다. 누
군가가 어떤 조직을 떠나면 남은 사람은 불편함을, 그만두는
사람은 욕을 얻는다. 서로 할말이 있다보니 당연히 벌어지는
일이다.

다만 직접적인 관계자도 아닌데, 용납할 수 없다며 비판하는
사람이 가끔 나타난다. 자기 의지를 관철하기 위해 조직의 논리
와는 다른 선택을 하거나, 그때까지의 인간관계에 등을 돌리는
이들 모두를 용납하지 못하는 사람일지도 모른다.

그런 까닭에, 누가 눈에 띄었다 하면 마구 지적해댄다. 이를
테면 연예인이나 운동선수, 정치인에 대한 지론을 펼치며 공격

'실패'하는 게 불안한가?

하는데, 그야말로 엉뚱한 데 화풀이를 하는 격이다. 자기는 하고 싶은 것도 있고 뜻한 바도 있지만 이토록 참아가며 분발하고 있는데 저 좋을 대로만 하는 인간이 있다니, 용서할 수 없다고 여기는 거다.

하지만 그 또는 그녀가 인내해야만 하는 건 본인과는 다른 선택을 한 사람 때문이 아니다. 그 점을 분리하여 생각하지 않으면, 영원히 남의 험담을 늘어놓으며 이건 이래서 안 되고 저건 저래서 안 된다고 끊임없이 남을 지적하는 사람이 된다. 본인의 상황은 개선되지 않은 채 불평과 불만으로 가득찬 인생을 보내게 된다. 좀더 생산적인 일에 에너지를 써야 할 텐데도 말이다.

다만 스스로와는 그다지 관계없는 누군가를 부정하여 본인의 세계가 안정된다면, 그러는 것도 때로는 괜찮을 것이다. 그 사람에게 실제로 피해가 가지 않는 선에서라면. 주변 사람에게는 하고 싶은 말도 행동도 참아가면서, 생판 타인을 통해 기분전환을 하는 것이 스스로가 할 수 있는 유일한 화풀이일 수는 있다. 나도 마찬가지이지만, 누구나 자신이 머무는 세계의 평온함을 지키기 위해 이런저런 일을 부정하거나 거절하니까.

선택하지 않은 인생은 잊어도 좋다

자신의 의지와 욕망을 버리는 인생은 얼마나 괴로울 것인가.

뭔가 하려고 마음을 먹었다면, 오해를 사고 욕을 먹는 일

따위는 당연한 거다. 그건 실패도 아니고 아무것도 아니다.

상처받는 게
있어서는 안 되는 일?

모름지기 대화란
상처받는 게 포함되어 있는 것.

애당초 자신의 의견과 생각이란 대체로 불완전하게 전달될 수밖에 없다. 착각을 불러일으키기도 하는 것이다.

원래 이야기라는 것은 듣는 쪽이 평가를 내리기 마련이므로, 내 이야기를 어쩌다 듣게 된 사람들이 '재미있었다'거나 '같은 생각을 하고 있었다'는 반응을 조금이라도 보여준다면 그걸로 충분하다.

물론 그럴 수만 있다면 상처받고 싶지 않고, 또 상처 입히고 싶지도 않다. 상처받지 않기 위한 대화를 원하는 사람들이 많은데, 그렇다면 매뉴얼대로 이야기하면 그만이다. 일이 잘 안 풀릴 때는 매뉴얼을 탓해도 되니까.

하지만 매뉴얼 같은 게 어디 있겠는가. 모름지기 대화란 상처받는 게 포함되어 있는 것이라고 생각한다. 상처받는 게 그렇게나 있어서는 안 되는 일인가? 상처받는다 한들 딱히 상관없지 않은가.

대화를 나누는 상대도 내가 어떤 사람인지 완전히 이해하고서 말하는 건 아닐 거다. 악의 없이 그냥 말했을 수도 있고, 다른 무언가에 대한 분풀이일 수도 있다.

상처받았다는 생각에 슬퍼지는 건 자연스러운 일이나, 어쩌다 재수가 없었다고 생각하고 잊어버리면 된다. 자신의 잘못이나 나쁜 점을 일일이 지적당하는 것처럼 느껴서야 아무것도 만들어내지 못한다.

애당초 내 이야기가 의도한 대로 받아들여질 보증 같은 건 어디에도 없다. 마찬가지로 내가 상대의 이야기를 제대로 이해한다는 보증도 존재하지 않는다. 서로 오해할지 모르지만, 상대에 대해 알고 싶어하고, 상대가 하는 말 속에서 뭔가를 얻고 싶어한 결과, 뭔가를 얻을 수 있었다면 그걸로 충분하다.

자신이 생각한 대로 상대가 이해해주길 바라도, 그건 무리다. 상대에게 맡길 수밖에 없다. 그러나 아무리 상대에게 위임했다한들 여기 있는 나 자신이 사라질 리도 없으니, 오해받았어도 그걸로 손해를 보지는 않는다.

인간관계란 그만큼 애매하지만, 분명 마음이 서로 통한 것 같은 기분이 든다거나, 모르는 사람이 해준 말로 용기를 얻은 것 같은 기분이 드는 순간이 있다.

다만 그처럼 '같은 기분이 든다'는 건 독단일 수 있다는 생각에 불안하고 또 불안해서, "무슨 뜻이야? 진의가 뭐야?" 하며 상대의 의도를 따져 묻고 만다. 하지만 그처럼 '같은 기분이 든다'와 자신이 느낀 데에 만족할 수 있다면, 어느 누구와 나누는 대화라 한들 충분히 가치 있다.

대화는 서로의
뇌가 만나는 것

우리 모두가 누구나 성인은 아니지만,
품고 있는 악의를 행동으로 옮기느냐 여부로
저마다의 사는 세계가 크게 달라진다.

트위터에서 악다구니를 퍼붓는 사람 때문에 곤혹스러웠던 적이 있는가?

나 같은 경우 '저 사람은 어째서 이런 커뮤니케이션 방식을 취할까? 그리고 왜 나를 상대로 고른 거지?' 하고 생각하며 대화를 주고받은 경험이 있다.

어떤 때는 냉정하게, 어떤 때는 감정적으로 받아치는 등 여러 형태로 해보고 나서 깨달은 건, 그런 식으로만 타인과 관계를 형성할 수 있는 사람이 있다는 것, 그리고 그런 식으로 타인과 얽히는 공간을 보유함으로써 그 사람의 세계가 안정될 수도 있다는 것이었다.

서른아홉 살에 사진집을 냈을 때의 일이다. "애엄마면서 수영복을 입다니, 엄청 재수없어"라는 멘션을 받았다. "저는 당신의 엄마가 아니니 안심하세요"라고 답해주었다. 마찬가지로 어떤 남자가 보낸 "당신 같은 사람이 엄마라니 용서할 수 없다"는 멘션에는 "분명 당신은 어머니와 갈등을 빚고 있을 거예요. 하지만 제게 분출해도 해결되지 않으니 카운슬러에게 상담을 받거나 아니면 어머니와 직접 이야기를 나눠보세요"라고 답해주었다. 그러자 더는 말이 없었다.

어쩌면 그 사람들은 머릿속에 떠올린 것들을 트위터에 올림으로써, 그게 내 머릿속에 제대로 전달되었을 거라는 느낌을 받는 데 만족하는 걸지도 모르겠다. 살아 있는 내가 역시 살아 있는 타인과 연결되었다는 어떤 확증을 얻는 것이리라. 다른 사람을 기쁘게 해주기보다 화나게 만들어야만 그러한 느낌을 얻는 것 같다. 서글픈 일이다.

그들은 일상생활 속에서 하고자 하는 말이 상대에게 제대로 전달되었다고, 또는 상대가 또렷하게 답을 해주었다고 실감하지 못하는 것일 수도 있다. 타인과 정면으로 마주하는 관계를 만들지 못하는, 겁도 불안도 많은 사람일지 모른다. 그렇기 때문에 트위터에서 글자로 이루어진 것들을 주고받게 되었을 때 비로소 뇌와 뇌가 연결되었다고 느끼는 게 아닐까? 물론 나는 그러한 사람과 개인적으로 얽히고 싶지도 않고, 얽힌다고 해서

반갑지도 않다.

하지만 거기에는 공감할 만한 부분도 있다.

대화란 육체에서 비롯되는 제한을 초월하여 서로가 공감하는 행위를 통해 비로소 성립하는, 뇌의 만남인 것이다. 나는 그렇게 생각한다. 우리가 생각하는 것들은 언어로 표현해야 타인에게 전달할 수 있지만, 그 대부분은 언어로 표현되지 않는다. 머릿속에 존재하는 것이다. 그걸 어떻게든 끄집어내서 지긋이 바라보고 싶은 거다. 그래서 더더욱 필사적으로, 계속해서 발화한다. 그러다보면 언어로 표현되지 않는 것이 불현듯 떠오르는 순간이 있다.

그럴 때, 사람은 진정한 의미에서 연결될 수 있다. 그것이 뇌의 만남이다.

당연한 이야기지만, 그렇게 해서 누군가와 관계를 맺었다 한들 상대를 화나게 만드는 식으로 소통하려 드는 사람과는 친구로 지내고 싶지 않다. 다만 그 마음은 모를 바도 아니다. 어떤 사람이 내게 그런 식으로 행동할 때, 이 사람은 내 안에도 있는 악의와 패배감을 그저 타인과 관계 맺기 위한 도구로 쓰는 사람일 것이다. 우리 모두가 누구나 성인은 아니지만, 품고 있는 악의를 행동으로 옮기느냐 여부로 저마다의 사는 세계가 크게 달라진다. 나는 그걸 선택하지 않았고, 이 사람은 선택했다. 대수롭지 않게 여길 일은 아니다.

내가 이런 식으로 트위터를 쓰는 걸 보고는, "트위터에서 언제나 거침없이 이야기하는군요", "트위터 사용에 실패하셨네요", "그런 식으로 다 진지하게 받아들이면서 일일이 상대하지 않아도 될 것을. 인터넷 문법에 좀더 익숙해져야 할 거예요" 하는 식의 조언을 해주는 이들도 있다.

아무래도 나는 트위터를 요령 있게 사용하지 못한다는 '실패'를 저지르고 있는 모양이다. 하지만 나는 그걸 실패라고 여기지 않고 있었다. 앞서 말한 것과 같은 방식은 요령을 따지는 사람에게는 실패이겠으나 내게는 하나의 실험이었기 때문이다.

하지만 그러던 어느 날 "지금처럼 계속하면 악의를 가진 사람을 구제하는 '트위터 보살'이 된다구요"라는 말을 들었다. 역시 그건 무리이겠다는 생각이 들어 실험을 중지했다.

다만 내가 했던 실험들이 다 쓸모없지는 않았다. 상대의 악의와 엉뚱한 화풀이를 파악한 상태에서 내가 그걸 어떻게 생각하는가를 전달한다. 그렇게 함으로써 상대의 동기와 말의 진의를 알 수 있다. 그리고 트위터에서 내가 주고받는 멘션들을 보는 사람들 사이에서 공감이 생겨날지도 모르고, 또 내가 이야기 나누는 내용에 대해 곰곰 생각해보게 될지도 모른다.

그럴 수 있다면 좋겠다고 생각해서 한 행동이었다.

하지만 요령 좋은 사람에게 내 행동은 지독히 어설프고 서투르며, 내가 여기저기 부딪히고 실패하면서 만신창이가 된 상태로 비틀비틀 걷고 있는 것처럼 보이나보다. "안됐어요" 하는 식의 말을 들었을 때는, 역시 이 사람에게는 적당한 선에서 잘 처신하는 게 낫겠구나 싶었다.

'실패'하는 게 불안한가?

우리가 생각하는 것들은 언어로 표현해야 타인에게

전달할 수 있지만, 그 대부분은 언어로 표현되지 않는다. 머릿속

에 존재하는 것이다.

실패냐 성공이냐는
타인의 평가일 뿐이다

"당신은 실패했어요"라는 말을 듣는 걸
두려워해서는 아무것도 할 수 없다.

어느 취재 기자에게서 다음과 같은 말을 들은 적이 있다. "고지마씨는 손해가 될 행동만 일부러 골라 하면서 자신의 길을 개척하고 있는데, 그렇게 행동하는 이유가 무엇입니까?"라고 말이다. 내가 손해를 보고 있는 건가 하는 생각에 무척 놀랐다.

이래봬도 내 나름으로는 냉정히 분석해서 얻을 게 많은 길을 선택해왔다고 본다. 결과에도 만족하고 있다. 그런데 "일반적으로는 상당히 손해를 입는 것처럼 보인다"고 하는 게 아닌가. 득실을 따지는 나의 셈법이 기자가 생각하는 그것과는 아무래도 다른 모양이다.

중년에 사진집을 낸 일, 회사를 그만둔 일, 라디오 프로그램에서 하차한 일 모두가 손해를 보는 행동이었다는 것이다. 요컨대 '실패'가 많다는 것!

이상했다. 그 일들 모두 얻는 게 더 컸는데 말이다. 도대체 내가 어떤 손해를 봤다는 걸까? 사람의 관점이란 이렇게도 다를 수 있음을 알았다.

예를 들어 사진집을 낼 때도 비판하는 사람이 생기리라는 것은 충분히 상상이 갔다. 하지만 중년 여성을 소재로 좋은 사진을 찍고자 하는 기획이 재미있게 느껴졌고, 모델로서 카메라 앞에 선다는 건 과연 어떤 느낌일지 경험해보고 싶었다. 또 사진이 어떤 현장에서 만들어지는지도 내 눈으로 보고 싶었다.

그렇게 생각해서 행동으로 옮긴 결과, 사진가가 일하는 현장을 보게 되어 굉장히 즐거웠다. 사진집을 본 사람들로부터 호의적인 의견을 많이 받았고(그렇지 않은 의견도 많았지만), 남편과 아들들도 "잘 나왔네"라고 말해주었다. 해보길 잘했다는 게 내 결론이다. 좀처럼 하기 어려운 경험이 아닌가! 내가 20대였다면 화제를 불러모을 수도 있었겠지만, 그런 상황은 아니었다. 하지만 별달리 잃을 건 아무것도 없었다. '어디 한번 해보자'는 마음이었다.

그런 마음을 먹고 해본 결과, 피사체가 된다는 건 자신을 드러내는 것으로서, 수영복을 입든 텔레비전에 출연하든, 라디오에 나가든 글을 쓰든 마찬가지임을 실감할 수 있었다. 커다란 발견을 한 것이다. 도전하길 잘했다고, 얻은 게 많은 경험이었다고 감사의 마음을 갖기까지 했다.

그런데 좀 전에 언급한 취재 기자가 보기에 그건 마이너스였나보다. 하지만 나는 내가 무엇을 잃었는지 모르겠다. 잃어버린 게 무엇인지 생각나지 않으니 딱히 상관없다고 생각했다.

라디오 프로그램을 그만둘 때에는 불쾌해할 사람이 있다는 사실도, 돌이킬 수 없는 무언가가 생기리라는 것도 알고 있었다. '타깃으로 삼는 청취자층이 좋아하게끔 말하라'는 요구와, '방송을 실제로 듣고 있는 사람들에게 말을 걸고 싶다'는 내 신조는 결코 양립될 수 없었다. 객관적으로 봤을 때 내게 손해인 것처럼 보일 수도 있겠다고는 생각했지만, 내가 물러나야 한다고 판단했으므로 그 선택에 지금도 후회는 하지 않는다.

지금 처한 상황을 타개하여, 내가 더욱 소중하다고 여기는 것을 지키고자 하거나 새로운 일에 도전하려 할 때, 또는 어떤 상황을 스스로 바꾸려 할 때는 그러한 변화의 결과로 일어날 일들을 나 스스로 떠맡아야 한다.

내가 어떤 것들을 떠맡을 수 있을까. 나는 욕을 먹는 일이나 제멋대로 군다는 말을 듣는 일, 손해보고 있다는 말을 듣는 일도 받아들일 수 있다고 생각했다.

'실패'하는 게 불안한가?

어떤 말을 듣는다 해도 상관없다. 불문율이나 사전 협의, 체면, 업계의 통례 따위 신경쓰지 않아도 된다. 일부 또는 특정인에게만 해당되는 상식도 마찬가지다. 분위기만 의식하다보면 영원히 결단내릴 수 없다.

예를 들어 회사를 그만둘 때는 사규에 정해진 대로 퇴직 절차를 밟기만 하면, 떳떳하지 못할 일은 아무것도 없다. 설령 누구 하나 내 편을 들어주지 않더라도, 절차를 분명히 거쳤다는 사실로는 꺼림칙할 게 전혀 없으니 당당할 수 있다. 또 그걸 기반으로 삼아 스스로의 신념을 관철할 수 있다.

이와는 반대로 그 어떤 보증도 되어주지 않는 정에 이끌려 이리저리 사전 협의를 하다보면, 분명 회사를 그만두는 것이 목적이었을 터이나 누구에게도 미움받지 않으려는 쪽으로 바뀌어 스스로의 의지를 밀어붙이는 일이 불가능해진다.

그러한 까닭에, 나는 퇴사할 때 누구와도 사전 협의를 하지 않은 채 회사가 정한 규칙을 분명히 따를 것을 선택했다.

"분명 절차는 잘 따랐지만 보통은 사전 협의를 하지 않나?" 하고 말하는 사람이 꼭 있다. 하지만 어느 한쪽에 사전 협의를 하면, 다른 쪽이 기분 나빠한다. 저쪽에 사전 협의를 하면, 이쪽이 언짢아한다. 모두와 사전 협의를 하다가는 회사를 떠날 수 없게 된다.

그렇다면 사전 협의는 하지 않겠다. 회사에 있는 모든 이에게

선택하지 않은 인생은 잊어도 좋다

공평하려면, 그 모두의 기분을 상하게 할 수밖에 없다. 그렇게 생각하고서 행동한 일은 회사를 그만둘 때 외에도 몇 번인가 있었다. 그걸 실패라고 이야기한다면, 그럴지도 모르겠다.

하지만 "당신은 실패했어요"라는 말을 듣는 걸 두려워해서는 아무것도 할 수 없다.

실패냐 성공이냐는 타인이 정하는 것이다. 거기에 스스로를 일일이 맞추지 말자.

나처럼 '실패'라는 평가를 받았음에도 그걸 조금도 의식하지 않은 채 행복하게 살 수 있다는 실제 사례도 존재하니 말이다.

지금 처한 상황을 타개하여, 내가 더욱 소중하다고 여기는 것을
지 키 고 자 하 거 나 새 로 운 일 에 도 전 하 려 할 때,
또는 어떤 상황을 스스로 바꾸려 할 때는 그러한 변화의 결과로
일어날 일들을 나 스스로 떠맡아야 한다.

모든 행동은
리스크 관리로부터

특히 내가 경계하는 것은 일을 하는 과정에서
주관적인 좋고 나쁨과 선악 기준에 끼워맞춰
타인을 평가하는 행위다.

절차를 착실히 밟는 행위에 무게를
둔다는 것은, 인간관계에서도 마찬가지로 적용된다.

이를테면 몸담고 있는 부서의 부장이 인간적으로는 너무나
좋다 해도 부장으로서의 책임을 회피하는 사람이라든지, "부장
으로서 이 안건에 대해 어떻게 답하시겠습니까?"와 같은 물음
이 제기되는 상황에서 개인적 친분을 방패로 삼아 본질로부터
벗어나려 하는 사람은 신용할 수 없다.

이와는 반대로 인간적으로는 대단히 싫을지라도 절차를 제대
로 거치는 사람은 신용한다.

'좋은 사람'이냐 절차를 착실히 밟는 사람이냐는 완전히 다른

'실패'하는 게 불안한가?

문제다. 아무리 싫은 사람이라 해도 절차만 제대로 밟아준다면 업무는 무리 없이 진행된다. 그래서 하는 말이다.

업무상 만나는 사람이나 별로 가깝지도 않은 사람이 과도하게 친근히 구는 바람에 도리어 일을 설렁설렁 하는 듯한 메일을 보낼 때가 있다. 이를테면 다음과 같은 식이다. '내일 한번 더 뵙고 논의하지요'라는 메일에 '다나카입니다~ 내일 좋습니다. 자료는 제가 준비할게요☆(이모티콘)' 하는 답장을 보내온다. 경험해본 적 없는가? 무심코 눈을 의심하게 된다. 친구 사이도 아닌데 너무 성의가 없다!

이런 식으로 상대와의 거리를 좁히려 드는 사람은, 지금까지의 경험에 비추어보면 대체로 감정 기복이 심한 사람이었던 것 같다. 제대로 된 과정을 거쳐 서로의 거리를 조금씩 좁혀가는 커뮤니케이션 스타일이 아니라, 즉흥적으로 '이미 한번 얼굴도 봤겠다, 어차피 메일을 보내는 거니 이 정도는 괜찮겠지' 하는 식으로 서슴없이 내지르는 타입인 거다.

말하자면 커뮤니케이션을 양식화하지 않은 사람은 함께 일을 해도 응답을 늦게 하거나 기분에 따라 일을 진행하고, 엉성하게 처리하기 십상이다. 나는 그런 식으로 행동하는 사람을 대단히 경계한다.

전에는 그런 사람을 만나면 화가 났다. 실례라고 생각해서다. 하지만 요즘은 그런 식으로 일을 하면 상황이 좀더 무난하게 흘러가는 세계가 있다고 느끼게 됐다. 그런 세계에 사는 사람 입장에서는 나처럼 일일이 단계를 거치며 거리를 좁혀가는 게 도도하게 구는, 융통성이라고는 없는 방식처럼 보이겠거니 한다.

이 세상은 참으로 다양해서, 저마다의 세계에서만 통용되는 그곳 나름의 규칙이 다수 존재한다. 그걸 깨달은 후로는 화를 내도 소용이 없다고, 습관이 다른 것이니 서로 이해하지 못해도 어쩔 수 없다고 생각하게 됐다.

이런 내게 냉정하다거나 메말랐다고 이야기하는 이들이 있다. 하지만 그렇게 해야 일을 할 수 있다고 생각한다. 원칙에 맞춰 행동하면 욕할 필요도 없이 마무리된다.

특히 내가 경계하는 것은 일을 하는 과정에서 주관적인 좋고 나쁨과 선악 기준에 끼워맞춰 타인을 평가하는 행위다.

일을 할 때는 상대가 좋은 사람이라 해도 거절해야 하는 경우가 생긴다.

다음과 같은 상황을 가정해보자. 좋은 사람과 싫은 사람이 있는데, 싫은 사람 쪽이 더 효율적으로 일을 할 수 있을 것처럼 보인다면 좋은 사람에게 "미안하지만 저 사람과 일해야겠다"고 말할 수 있어야 한다. 그리되었을 때는 본인의 행동 원리가 어떠한 것인지를 분명히 밝혀두어야 상대에게도 친절을 베푸는 동시에 문제를 예방할 수도 있을 것이다. 당신이 싫어서 거절하는 것이 아니라, 목적 달성을 우선시한 결과라고 말이다.

'실패'하는 게 불안한가?

누군가를 미워하고 험담을 내뱉고 배신당했다고 느끼는 것도 피곤한 일이니, 처음부터 지금의 이 인간관계가 어떤 원칙 위에 성립되어 있는지를 상대에게 알려주고 시작해야 배배 꼬이는 일 없이 마무리된다.

그렇게 해서 모든 것을 분명히 해두고 일을 하면 말썽이 생기지 않는다. 내 방식은 그렇다. 하지만 나처럼 생각하지 않는 사람도 물론 있다. 어느 쪽이 옳고 그른가의 문제이기보다는 사고방식이 다른 거다.

나는 마찰을 빚는 게 싫고, 귀찮은 일이라면 질색한다. 다른 사람과 싸우는 것도, 서로 감정이 엇갈리는 것도 고통스럽다. 그런 상황이 발생하는 건 되도록 미리 피해두고 싶다. 리스크 관리를 해야겠다고 마음먹으니, 만사를 분명히 해둔 다음 일을 진행하는 게 낫다는 결론을 얻었다.

처음에는 3밀리미터 정도 어긋나 있던 것을 정에 이끌려 3미터로 벌어질 때까지 내버려둔다. 그런 다음에야 수습하려고 옥신각신하기보다는 "지금 3밀리미터 어긋났어요" 하고 분명하게 말할 수 있어야 한다.

3밀리미터가 어긋난 시점에서 목소리를 내는 사람은 사소한 것에 집착하는 사람이라거나 분위기 파악을 못하는 사람이라는 식의 이야기를 들을 수도 있다. 하지만 '지금은 3밀리미터 정도일 뿐이니 적당히 해두면 조만간 어떻게든 된다'며 방치하고 있

선택하지 않은 인생은 잊어도 좋다

는 사이에 성가신 문제를 끌어안게 되는 사람들을 지금까지 무수히 봐왔다. 나는 그런 방식이 결코 득이 되진 않는다고 생각한다.

인간적으로는 대단히 싫을지라도 절차를 제대로 거치는 사람은
신용한다. '좋은 사람'이냐 절차를 착실히 밟는 사람이냐는
전혀 다른 문제다.

불안과
공존하는 방법

무턱대고 겁만 내고 있으면
눈앞의 현실이 보이지 않게 된다.

"당신은 강한 사람이잖아"라는 말
을 자주 듣는다.

하지만 실제로는 그렇지 않다. 내가 강한 사람처럼 보이는 건
얼굴이 사납게 생겨서이다. 사람의 얼굴 생김새를 무서운 쪽과
그렇지 않은 쪽으로 나눈다면 명백히 나는 우락부락하게 생긴
무서운 얼굴이다. 기본적으로 상처를 쉽게 받는 편이고 쓸데없
는 일에 신경쓰는 성격이라, 살기 위해 필요한 지혜를 습득해왔
을 뿐이다.

여기서 말하는 지혜란 언제나 리스크를 고려하며 행동한다는
것이다.

'실패'하는 게 불안한가?

태생적으로 강한 사람은 어떤 일이 닥쳐도 무슨 문제가 생긴 건지 태연하게 주위에 묻는다. "고민하는 이유가 뭐야?"라고. 그게 진짜 강한 사람이다.

하지만 나처럼 스스로에게 무엇이 리스크인지를 언제나 생각하는 사람, 그러니까 '최소한의 손해를 입을 것인가, 최대한의 이익을 얻을 것인가', '이렇게 하는 쪽이 좀더 리스크가 적으니 선택한다' 등 머리로 따져 행동해야 직성이 풀리는 사람은 결코 강한 사람이 아닌 거다.

그러니 '나는 강하지도 못하잖아' 하며 무언가를 포기하고 있을 당신도, 괜찮다.

지금 맡고 있는 업무나 인간관계를 바꾸고는 싶어도, '하고 싶지만 못하겠어'라고 말할 수 있는 사람은 사실 그렇게까지 깊게 고민하고 있지는 않은 것이다. 진심으로 뭔가 하고 싶다면, 스스로를 지키기 위해서 사람은 반드시 어떤 행동을 개시한다. 하지만 '지금처럼이라 해도 어떻게든 할 수야 있겠지만, 좀더 제대로 하고 싶다' 정도의 마음가짐이라면 리스크를 부담하고 싶지는 않을 것이다. 스스로를 지키기 위해 지금 놓여 있는 상황을 바꾸거나 어떤 행동을 개시한다는 것은 반드시 어느 정도의 리스크를 부담해야 한다는 뜻이다. 100퍼센트 안전한 선택 따위는 존재하지 않는다.

예를 들어 가게에서 내온 차를 한 잔 마신다고 생각해보자.

선택하지 않은 인생은 잊어도 좋다

별것 아닌 듯한 이 상황에도 모종의 리스크를 안고 있는 거다. 차에 뭐가 들어 있는지, 스스로 100퍼센트 안전을 보장할 길은 없으니까. 어쩌면 가게 주인의 아들이 부모에게는 비밀로 한 채 차를 거르는 망으로 올챙이라도 건졌을지 누가 알겠는가. 그랬으리라고는 상상도 못하고서 끓인 차를 역시 아무것도 모르는 상태로 마시고 있는 걸지도.

사실, 나는 중학교 1학년 때 생물부가 쓰는 교실에 차를 거르는 망이 있길래, 그걸로 올챙이를 건진 적이 있다. 그런 다음 씻지도 않고 그대로 말렸는데, 다음날 과학 선생님이 그 거름망을 써서 차를 우리는 걸 보고 말았다. 그 결과 나는 양심의 가책을 견디지 못하고 생물부를 그만두었다.

무엇을 하든 리스크는 반드시 따라온다.

결혼할 때 더할 나위 없는 배우자를 선택했다고 생각했는데 상대가 바람을 피울 경우도 있고, 정말 친한 친구라 여겼던 사람이 내 곁을 떠날 수도 있다. 처음부터 100퍼센트, 절대적으로 안전한 것은 그 어디에도 없다.

이제까지 그러한 불안을 마음 한켠에 품고서 살아왔다. 리스크가 제로인 삶을 살지는 않았다. 단지 그걸 자각하지 않을 수 있었다는 정도의 리스크였을 따름이다.

2011년 3월, 동일본대지진과 함께 원자력발전소 사고가 터졌을 때 생각했다. 방사성 물질이라는 위험한 존재가 내 일상에

느닷없이 나타나, 불시에 '우리는 갑자기 위험한 세계에 내던져졌다'는 느낌을 받았다. 하지만 한번 자문해보자.

생각해보면, 사고 이전에도 이 세계는 결코 안전하지 않았다. 지진이 언제 일어날지 알 수 없는 노릇이었다. 또 언제 교통사고를 당할지도 모르는 일이었다. 언제 어떤 병에 걸릴지도 모른다.

식품도 마찬가지다. 각종 첨가물과 농약이 지닌 위험성을 지적하는 이들이 많다. 하물며 100퍼센트 안심하기 위해 스스로가 할 수 있는 일도 없다. 하지만 유명한 식품회사에서 만든 거니까 괜찮겠지, 후생노동성이 마련한 기준을 충족하고 있으니 안심해도 되겠지 하는 식으로 리스크 판단을 내리며 사 먹고 있는 것이다.

그런 식으로 익숙해진 리스크를 쉽게 부담하도록 하는 시스템에 수용되지 않는 물질이 나타났을 때, 마치 처음으로 위험과 맞닥뜨린 양 느낀다. 하지만 곰곰이 생각해보니 여태껏 완전한 안전 같은 건 어디에도 없었다.

지금까지 걸어온 인생을 돌이켜봤을 때 줄곧 정답인 길만 택했다거나 무엇 하나 리스크를 떠안지 않고 살았다고 단언할 수 있는 사람은 없을 것이다. 이를테면 '이 학교에서 공부하길 잘했다'라고는 할 수 있어도, 다른 학교에 다녀보고 비교한 건 아니므로 객관적으로 100퍼센트 정답이었는지에 대해서는 증명할

선택하지 않은 인생은 잊어도 좋다

방법이 없다. 인생은 한 번뿐이니 '이걸로 잘된 셈 치자' 하며 스스로 결론내릴 수밖에 없다. 정답이라며 누군가가 도장을 찍어주는 일 따위는 없다.

이것이 우리의 일상이다.

그렇게 생각하면 리스크가 제로인 것을 선택하자는, 아니면 절대적 안전권을 찾자는 발상이 얼마나 비현실적인지 깨닫게 된다. 유감스럽지만 어디에 간다 한들 리스크는 있다. 그러한만큼 리스크를 되도록 구체적으로 파악하려는 노력을 하고, 리스크와 마주하기 위한 삶의 방식과 사고방식을 길러서, 리스크와 공존하는 방법을 찾는 수밖에 없다.

리스크와 공존하기, 그것이 가장 현실적인 해답이라고 생각한다.

그렇게 놓고 보면 무엇을 할 때 지나치게 겁먹지 않고도 해낼수 있다. 지금 나는 돌연 나타난 위험에 노출된 것이 아니라 낯선 상황 속에서 새로운 선택을 해야 한다는 데 불안을 느끼는 거라고 생각하면, 지금까지 줄곧 해왔듯 냉정히 판단할 수 있다. 무턱대고 겁만 내고 있으면 눈앞의 현실이 보이지 않게 된다.

인간관계 또한 내가 직접 리스크를 짊어지고 결정해야 하는 순간이 있다.

예를 들어 지금 일하고 있는 회사나 함께 어울리는 엄마 친구

'실패'하는 게 불안한가?

모임에서 버티기가 힘들거나 골치 아픈 일을 겪고 있다고 해보자. 이러한 상황을 타개하고자 마음먹었다면 당분간 오해받거나 친구가 줄어드는 등의 상황 변화는 기꺼이 감수해야 한다.

내 뜻을 관철하려 할 경우 그때까지 나를 이해해주던 사람들, 공감 가능한 사이라 여겼던 사람들이 이의를 제기하고 때로는 떨어져나가기도 한다. 하지만 어쩔 수 없다. 살아 있다는 것은 변한다는 것이니까. 서로 끊임없이 변화하고 있으니 지금까지 별 탈 없이 잘 지내왔다가도 어긋나는 일이 반드시 생긴다.

회사를 그만두거나 머물던 곳을 옮긴다는 것은 일테면 여태껏 같은 풍경을 함께 바라보고 있다가 어느 한쪽이 다른 풍경을 보러 떠난다는 뜻이므로, "저기 잠깐만. 우리 같은 풍경을 보고 있던 거 아니었어?" 하고 말하는 사람이 등장하는 것도 당연한 일이다.

하지만 양쪽을 다 만족시키기란 무망한 일이다.

종국에는 나 자신이 중요하다고 여기는 것을 취할 수밖에 없는 것이다. 회사를 그만두려고 마음먹었을 때 '동료를 배신하는 것 같아 찝찝하다'라는 생각이 들어 단념하는 사람이 있는가 하면, '배신하는 게 아냐. 시간이 흐르면 이해해줄 거야'라고 생각하며 퇴사를 실행에 옮기는 사람도 있다. 그만두고 나서 시간이 어느 정도 지나면 아무렇지 않게 말을 걸어오는 사람도 있고, 그대로 연락이 뚝 끊기는 사람도 있다. 단념하는 사람과 퇴사하는 사람 중 어느 쪽이 옳은가를 따질 문제는 아니다. 답은 유일하지 않다.

실패가 두려워서 유일하고도 절대적이면서 객관적인 정답을 선택하려고 하면 무서워서 결정을 할 수가 없다. 누가 대신 정해주었으면 하고 바라게 된다. 하지만 어차피 내가 인정할 수 있는 정답이란 그때마다 스스로가 납득 가능한 선택을 하는 수밖에 없는 거라고 생각하면 포기할 마음도 생긴다. 미래의 나는 지금보다 느긋해서, 그때 그건 실패였다고 땅을 치며 후회하기보다 결국 그렇게 하길 잘했다고 정당화하는 쪽을 선택하는 법이니까.

그렇게 생각하면, 무언가를 결단내리는 데는 강한 사람보다도 신중한 낙관주의자인 것이 중요할지도 모른다.

스스로를 지키기 위해 지금 놓여 있는 상황을 바꾸거나

어떤 행동을 개시한다는 것은, 반드시 어느 정도의 리스크를

부담해야 한다는 뜻이다.

100퍼센트 안전한 선택 따위는 존재하지 않는다.

상대의 평가를 신경쓴다 한들
뾰족한 수는 없다

누군가가 나를 본다는 것은 좋든 싫든
내가 상대방의 세계를 구성하는 한 부분이 된다는 뜻이다.

누군가에게 어떤 말을 할 때 상대가 불쾌함을 느끼지는 않을지, 경솔한 발언을 해서 상대를 폄하하는 꼴이 되거나 상처 입히지는 않을지는 분명 신경쓰이는 일이다.

하지만 상대가 나를 어떻게 생각할까. 좋아할까, 아니면 싫어할까 하는 문제는 내가 아무리 신경을 쓴다 해도 내가 결정할 수 없는 것이다. 그러므로 나는 최선을 다하고, 그런 다음 상대가 결정할 일이다. 남들 앞에 나섰을 때는 그 자리에 모인 모든 사람이 칭찬해주어야 성공한 것이고, 내가 한 발언이 부정당하면 실패했다는 생각은 하지 말자.

나는 방송일을 하며 살고 있다. 남들 앞에 나선다는 게 어딘

'실패'하는 게 불안한가?

가 특별한 듯 느껴질지도 모르겠지만, 그렇게까지 특수한 일을 하는 건 아니다. 결국 남들에게 '보이는' 거니까. 이는 딱히 미디어에 등장하는 사람에게만 해당되지 않는다. 아주 평범한 일상 속에서도 우리는 '보이는' 데서 자유로울 수 없다.

인간의 '보는' 행위란 과연 무엇일까? 나는 그 행위에 대해 줄곧 생각해왔다.

'보고 싶다'는 욕망은 무척 강렬하다. 가장 제어하기 어려운 욕망일지도 모른다. 그리고 '본다'는 것과 '소유한다'는 것은 지극히 가까운 감각인 것 같다.

'본' 것은 내 세계를 형성하는 부품이 된다. 다시 말해 내 소유물이 되는 셈이다. 그러한 감각은 누구에게든 필시 저마다의 무의식 속에 존재할 것이다.

예를 들어 길거리에서 누군가 내게 알은척하며 말을 걸어올 때, 내가 진행하는 라디오를 듣는 사람과 텔레비전에서 나를 본 사람의 반응은 뚜렷하게 갈라진다. 라디오를 듣는 사람 쪽은 내게 다가와서 "라디오 잘 듣고 있어요" 또는 "얼마 전 그 얘기 정말 재밌었어요" 같은 식으로 이야기한다. 나를 어디까지나 고지마 게이코라는 개인으로 대해주는 것이다.

한편 텔레비전을 통해 나를 봐왔던 사람의 경우 그 자리에 멈춰 서서는 거리를 좁히지 않고서 그저 의외라는 표정을 짓는다. 놀람과 기쁨이 섞인 그 표정을 보노라면 내가 마치 보기 드문

선택하지 않은 인생은 잊어도 좋다

동물이라도 된 것 같은 느낌을 받는다.

그건 아마도 텔레비전에서 나를 보며, 이 세상 어딘가에 존재한다는 것 정도는 알고야 있었지만 실제로 본 적이 없었기 때문에 발생하는 기쁨 같은 것이리라.

지금까지 미디어를 통해 보던 것과 그 실체이자 살아 있는 인간이 일치했을 때 가슴 한구석에서 솟아오르는 감정은, 지금 눈앞에 있는 이 사람과 이야기하고 싶어하기보다 영상을 매개로 스스로의 마음속에 소유했던 '고지마 게이코'라는 상자 안에 드디어 실물을 담을 수 있게 됐다는 감각일 것이다.

동물원에서 살아 있는 백호를 두 눈으로 직접 보게 됐을 때, 텔레비전을 통해 본 적이야 있지만 "정말 있구나", "실물은 크네" 하는 감각과 닮은 구석이 있는 것 같다. 그러므로 상대에게 말을 걸기보다도 주변 사람들에게 알리고 싶어하는 것일 게다. 그것이 바로 "방송 잘 듣고 있어요"와 "고지마 게이코다!"의 차이다.

어찌됐든 인간은 눈으로 실물을 확인하고 싶어한다. 그런다한들 집으로 일일이 데리고 갈 수는 없지만, 살아 있는 이상 스스로의 눈을 통해 보고 분명히 존재한다는 확인을 하나씩하나씩 얻으며 살고 싶은 욕망이 있다. 물론 내게도 그런 욕망이 있다. 모든 것을 손에 넣을 수는 없는 대신, 모든 것을 보며 살고

'실패'하는 게 불안한가?

싶은 욕망. 말하자면 세계를 손안에 거두고 싶은 욕망이 보고 싶다는 충동일지도 모른다.

예를 들면 수차례 봤던 인물일수록 잘 알고 있는 듯한 기분이 든다. 실제로는 단 한 번도 만난 적이 없는 연예인인데도 텔레비전에 나오는 걸 여러 번 보며 '청순파'라고 굳게 믿었던 여배우가 알고 보니 양다리를 걸치고 있었다는 보도를 들은 순간 배신당한 느낌을 받는 등의 일 말이다. 정작 해당 배우에 대해 아무것도 알지 못하면서, 그저 텔레비전에서 본 적이 있다는 이유만으로 아는 사람인 양 여기게 된다.

이미지는 '청순파'였는데 어째서 알맹이는 다른 사람인지 싶은 거다. 그건 마치 쇼핑을 하고 돌아와 포장을 뜯어보았더니 내용물이 전혀 달랐던 감각과 같다.

요컨대 '본다'는 행위를 통해 본 것을 소유한 듯한 기분이 들기 때문에, 만난 적도 없는 인물에 대해 배신당했다고 생각할 수 있는 것이다.

이를 뒤집어 생각해보면, 누군가가 나를 본다는 것은 좋든 싫든 내가 상대방의 세계를 구성하는 한 부분이 된다는 뜻이다. 그 세계 안에서 어떻게 배치되고 또 평가받든 나로선 어찌할 수 없는 영역이다. 그건 어디까지나 상대의 뜻에 달렸다. 보인다는 것은 그런 일이다.

자기 눈으로 본 것을 어떻게 배치하는가는 그 사람의 세계가 지닌 균형을 유지하는 데 좌우되므로, 본 것을 좋게 평가하는 사람이 있는가 하면 그렇지 않은 평가를 하는 사람도 있다. 살면서 어느 한쪽의 사람만 만날 수는 없다.

이는 스스로의 힘으로는 어떻게 하려야 할 수 없는 성질의 것이다. 그것이 스스로의 가치를 증명하지는 않는다.

'본다'는 것과 '소유한다'는 것은 지극히 가까운 감각인 것 같다. '본' 것은 내 세계를 형성하는 부품이 된다.

누군가 나를 욕해도,
실패한 게 아니다

우리는 본 것을 우리의 취향에 맞춰 늘어놓으며
스스로가 이러한 세계에서 살고 있다고 확인한다.
어딘가 성에 차지 않은, 미덥지 못한 느낌과 공존하면서.

회의 자리에서 발언하는 사람이든 학부모회에서 위원을 맡은 사람이든, 누구든지 남들 앞에 나선다는 것은 좋은 이야기와 나쁜 이야기 둘 다 듣는다는 것을 뜻한다. 무슨 일을 하게 되든 알아두는 편이 좋을 것이다.

나는 수백만 명 이상의 사람들 앞에 화면을 통해 스스로의 모습을 내보이는 직업에 종사하면서 실로 다양한 반응이 존재한다는 사실을 깨달았다.

아나운서가 된 지 얼마 안 지났을 때, 나를 가리켜 건방지다는 둥 귀염성이 없다는 둥 하는 말을 듣고서 억울해한 적이 있다. 그럴 의도가 있었던 것도 아니고, 나 스스로 그런 사람이 아니라고 생각했기 때문이다. 하지만 어떤 식으로 수습하려 해도 이 일을 해나가는 이상 근본적으로 무리일 것이라는 데에 생각이 미쳤다.

곰곰이 생각해보았더니, 나부터도 텔레비전을 보면서 화면에 등장하는 사람들에 대해 정작 아무것도 모르는 주제에 꽤나 막말을 한다. "기분 나쁘다"는 둥, "저런 말을 하다니, 뭔가 착각하는 거 아냐?"라는 둥. 하지만 그 사람을 진심으로 싫어해서 그런 말들을 하는 건 아니다. 헐뜯고 싶은 인물상을 그 사람에게 덧입힌 다음, 또는 칭찬하고 싶은 인물상을 그 사람에게 덮어씌운 다음 그 부분만 끄집어내 확대해서 볼 뿐이다.

요컨대 우리는 보고 싶은 것을 보기 위해 '유명인'을 필요로 하는 것이리라.

하지만 나는 텔레비전에 출연하는 것도 일이기 때문에, 텔레비전을 보면서 그다지 좋은 인상을 받지 못한 사람이라 해도 마침 일을 함께하게 되어 실제로 만났을 때의 인상이 완전히 다른 경우를 수차례 겪었다.

그때 깨달았다. 텔레비전을 통해 '봤던' 사람이라는 것은, 어디까지나 나 자신의 이미지 속에 존재하는 사람일 뿐이라는 것을. 실제로 만나보고 나서야 비로소 그 사람에 대한 내 진짜 느낌을 얻을 수 있다는 것을.

텔레비전 화면 속 영상을 보면서, 어째서 우리는 '실재하는

선택하지 않은 인생은 잊어도 좋다

것'이라는 전제 아래 이러쿵저러쿵 떠드는 걸까? 이와 같은 의문을 품었을 때, 스스로가 본 것에 대해 좋다거나 싫다는 평가를 내리고 집착하거나 버리는 등의 작업을 되풀이하면서, 아마도 사람은 스스로가 믿고 싶은 세계라는 걸 만들어내고 있는 것이라는 결론을 내렸다.

세계의 모든 것을 체험하기란 도저히 불가능하다. 그렇기 때문에 더더욱 이것이 세계일 것이라는 스스로의 믿음 속에서 여러 체험을 축적하며 살아가는 수밖에 없다. 그 누구도 자기 자신의 뇌에서 자유로울 수 없으니까. 그러기 위해서는 그 세계를 만들 다양한 부속이 필요하다. 내가 가치 있다고 판단하는 부속을 하나라도 더 많이 모아서 스스로의 세계를 조금이라도 더 신뢰할 수 있는, 안락한 곳으로 만들려고 하는 것이리라.

모 연예인은 싫고, 모 정치인은 마음에 들지 않는다고 여기는 행위는 미워해야 할 무엇 또는 자기 자신을 위협하는 무엇에 대해 갖고 있는 이미지를 그 사람에게 덮어씌우는 것이다. 그렇게 해서 우리는 본 것을 우리의 취향에 맞춰 늘어놓으며 스스로가 이러한 세계에서 살고 있다고 확인한다. 어딘가 성에 차지 않은, 미덥지 못한 느낌과 공존하면서.

방송일을 하면서 나는 텔레비전에 나온다는 것은 만난 적도 없는 사람들이 내게 여러 가지 '보고 싶은 것'을 덮어씌우는 것임을 깨달았다.

지금까지 텔레비전이나 잡지 같은 미디어 속 사람들에 대해 되는대로 지껄이며 세계와 타협해온 것과 마찬가지로, 다른 사람들도 나를 그러한 도구로 사용한다는 것을. 그렇게 하며 기뻐하는 사람도, 분풀이를 하는 사람도 잔뜩 있다는 것을. 텔레비전 속 인간으로서 10년 정도 일하고 나니 그러한 사실에 겨우 눈이 떠진 것이다.

선택하지 않은 인생은 잊어도 좋다

사람은 보고 싶은 것을
보고 싶은 대로 본다

함께 있을 때, 지금 분명히 따뜻하고도
귀한 무엇인가가 두 사람 사이에 생겨났다는
감각을 공유하는 순간이 반드시 있다.

앞서 이야기한 것처럼 생각하게 된
데는 출산의 영향이 큰 것 같다. 임신하고 있을 때 이런 생각이
들었다. 아이는 뱃속, 그러니까 세상에서 가장 가까운 곳에 있
으면서, 억만금을 들여 온 세상을 찾아다닌다 해도 절대 만날
수 없는 먼 사람이기도 하다. 어떤 사람인지도 알 수 없다. 그러
던 끝에 남자아이를 가졌다는 걸 알았을 때, 나는 내 몸이 모순
덩어리인 것처럼 느껴졌다. 하나의 육체에 여자와 남자, 어른과
아이, 가까운 것과 먼 것, 나와 타인 등 정반대의 성격을 띠는
것들이 두루 깃들어 있다. 그러한 상태에서도 조화를 유지하는
것이 신기했다. 무척이나 두근거렸다.

'실패'하는 게 불안한가?

게다가 아이는 내가 알지 못하는 새에 점점 커진다. 뱃속에 '무엇이 들어 있을까?' 하는 생각을 임신 기간 내내 하고 있었으므로, 아이가 나왔을 때는 선물 상자를 열었을 때처럼 기뻤고 신났다. 아이와 처음 만났을 때 받은 첫인상은, 모성에 대한 환상을 산산이 부술지도 모르겠지만, '세상에, 이런 사람이 내 몸속에 들어 있었구나!'라는 느낌이었다.

이렇게나 가까이 있었던 인간이, "당신은 대체 누구십니까?"라고 물어도 손색이 없을 만큼 멀다. 유전자상으로도 절반은 같고, 24시간 함께 살고는 있지만 어떤 생각을 하고 있는지 도무지 알 길이 없다. 아이가 울어대는데도 배가 고프다는 뜻인지 기저귀를 갈아달라는 뜻인지 모르겠다. 관계의 거리가 마음의 거리를 결정한다는, 그때까지의 내 믿음은 무너져내렸다.

아이가 그럭저럭 말을 할 수 있게 되어 의사소통이 가능해진 후에도, 함께 여행 다니고 같은 음식을 먹었는데 서로 기억하고 있는 내용이 판이하게 달랐다. "응? 그랬었어?" 하며 되물을 만큼 다른 부분을 기억하고 있곤 했다.

아이가 보는 세계와 내가 보는 세계는, 이렇게나 가까운 관계인데도 전혀 달랐다. 그런 식으로 다른 걸 보면서 잘도 함께 살아갈 수 있구나 하는 신선한 놀라움이 생겼다.

둘째도 역시 남자아이였는데, 소학교 1학년 어느 날 "있잖아,

선택하지 않은 인생은 잊어도 좋다

나는 엄마 같은 사람이랑 결혼할래"라고 하는 거다. "그래? 엄마 같은 사람은 어떤 사람인데?" 하고 물었더니 "으응, 그러니까 대체로 다 아빠한테 맡기고, 화내면 엄청 무섭고, 자는 거 깨울 때 귀찮게 굴고, 재미있는 사람"이란다.

그렇구나! 장래의 네 여자친구들은 모두 내게 감사해야겠는걸. 네가 갖고 있는 이 낮은 이상형이 너를 행복하게 해줄 거야! 이런 생각에 무심코 웃음을 터뜨렸다. 아이들은 예리하게 관찰하는 존재다.

"대체로 다 아빠한테 맡기고"라고는 하지만, 네게 보이지 않는 곳에서 엄마도 여러 일들을 한단다! 아이의 말을 듣고 다소 복잡한 심경이 되기는 했지만, 어쨌든 그토록 모자란 내가 아이에게는 대단히 소중한, 아주 많이 좋아하는 멋진 여자인 모양이다. 그 점이 신기했다. 이쯤 되면 마법에라도 걸렸다고 봐야 할 것이다.

어린아이에게 엄마라는 존재는 어지간히 좋게 보이는 것 같다. 누군가를 좋아하는 감각에는 뒤틀린 구석도 있지만, 이렇게나 견고한 믿음일 줄이야! 감동적이기까지 했다. 남편도 마찬가지다. 내가 남자였다면 나와 절대로 결혼하지 않는다. 그런데도 이 사람은 어째서 나와 결혼해서 벌써 13년 동안이나 함께 살고 있을까?

1년에 한두 번 정도는 남편에게 물어본다. "왜 나 같은 여자랑 결혼했어?" 하고. 그러면 남편은 "재미있으니까!"라고 말한다. 기특한 사람이다. 아무래도 남편에게는 내가 인식하고 있는 나라는 여자와는 다른 여자가 보이는 모양이다. 나는 평생 이해하지 못할 것이다.

친정아버지도 다르지 않다. 결혼하기 전까지 30년 정도나 함께 살았는데도 아버지는 여전히 나를 가리켜 "게이코처럼 사교적인 아이가 아빠와 엄마 사이에서 태어날 리 없어"라고 말한다. 하지만 아버지, 저는 그렇게 사교적인 인간이 아니에요.

이렇듯 신기한 경험을 하고서, 이제 더는 누구에게도 내가 생각하는 대로의 나에 대한 이미지를 기대하기란 불가능하다고 생각했다. 가족조차 이런 수준이니, 하물며 잡지나 텔레비전, 라디오에서 수많은 사람들이 나를 볼 때 저마다 내키는 대로 말하는 것도 당연한 일임을 납득하게 됐다.

사람은 보고 싶은 것을 보고 싶은 대로 보지 않고서는 살 수 없다.

나는 그렇게 생각한다. 내 입장에서는 오해여도, 상대에게는 그 사람의 세계에 출현한 존재에 대해 그 사람 나름으로 해석을 내린 것이니 오해는 아닌 법이다. 진짜 내가 어떠한지는 아무래도 상관없다. 그보다 내가 어째서 이 사람에게 그렇게 보였는지에 대해 관심이 옮겨간 후로, 나는 상대가 나를 이해해주는 것

선택하지 않은 인생은 잊어도 좋다

만이 대화의 전부는 아니라고 생각하게 됐다.

서로 완전히 이해할 수 있을 리도 없고, 아마 같은 게 보이지도 않으리라. 하지만 함께 있을 때, 지금 분명히 따뜻하고도 귀한 무엇인가가 두 사람 사이에 생겨났다는 감각을 공유하는 순간이 반드시 있다는 느낌이 든다.

이따금씩 상대가 보고 싶어하는 것과 내가 보고 싶어하는 것이 일치한다고 서로 믿어 의심치 않을 수 있다. 그걸 가리켜 덧없는 일이라고 빈정거릴 수도 있겠으나, 사는 게 즐겁다고 여길 수 있다면, 그걸 순수한 마음으로 소중히 여기면 그만 아닐까.

몇 번이고 잠자리를 같이했어도 상대가 정말 어떤 사람인가에 대해 온전히 다 알기란 불가능하지 않은가. 서로 착각하는 것일 수도 있고 그렇게 믿고 싶은 것일 수도 있겠지만, '그래도 역시 사랑은 놀라워'라고 생각하며 살아갈 수 있다면 그걸로 충분하다고 본다.

그런 느낌이 진짜인지 아닌지를 뒷받침할 필요도, 누군가에게 증명할 필요도 없다. 착각이라 해도 괜찮다. 사람과 사람 사이에 어떤 아름다운 것이, 귀한 것이 태어난다는 사실 자체에 가치를 둔다면, 이 세상은 아직 살아갈 만하다.

미디어를 매개로 하는 관계도 마찬가지일지 모른다. 화면 속 이미지일 뿐이라 해도 '세상이란 의외로 나쁘지 않구나'라든가 '참고할 만하겠는데' 싶을 때가 있다. 그런 것들에 기대어 살아

'실패'하는 게 불안한가?

갈 수 있는 경우가 있다. 그 사람이 실제로 어떤 인물이든 화면 속 이미지로 다른 사람이 행복해질 수 있다면 그걸로 족하다.

오히려 실제 관계에서는 생겨나지 않았을지도 모르는 공감이 미디어를 통해 생겨나기도 한다. 흥미롭고도 축복받은 일이라고 생각한다.

누군가에게 증명할 필요도 없다. 착각이라 해도 괜찮다.

사람과 사람 사이에 어떤 아름다운 것이, 귀한 것이 태어난다는

사실 자체에 가치를 둔다면, 이 세상은 아직 살아갈 만하다.

'보고 싶다'는
욕망이 가장 강하다

욕망에 잠식당하지 않으려면
우리 자신이 무척이나 욕심쟁이라는 점을
알고 있어야 할 것이다.

눈이라는 부위는 실로 욕심 많은 기관이다.

되도록 많은 것들을, 가능한 만큼 더 자세히, 이왕이면 실물을 보고 싶다는 욕망은 어쩌면 내가 가짜를 갖고 있을지도 모른다는 불안감의 방증인 것 같다.

'보는' 것이 '소유하는' 것이라면, 그 반대로 '보여주는' 것은 '지배하는' 것일지도 모른다. 강한 욕망을 지닌 눈길이 이쪽을 향한다는 것은 내가 상대의 욕망을 손에 넣는 것이기도 하다. 상대가 원하는 것을 준다는 것은, 보이는 쪽이 보는 상대를 지배하는 것과 같다.

욕망을 한층 더 부채질하는 듯한 방식으로 무언가를 보여주는 건 상대에 대한 지배다. 보는 것, 보이는 것을 둘러싼 욕망의 거래는 정말 흥미롭다.

보는 행위, 그리고 보이는 것 속에서의 역학 관계가 타인과의 관계에 끼치는 영향은 무척이나 크다.

나부터도 내가 욕심이 많다고 여긴다.

'백문이 불여일견'이라고도 하듯, 좀더 다양한 것들을 보고 싶어하는 욕망이 내 안에도 있다.

또한 타인에 대해서도, 흥미가 있는 사람에게는 지금까지 본 적 없는 얼굴을 보고 싶기도 하고, 다른 사람에게는 보여주지 않는, 나만 알고 있는 일면이 있지 않을까 하는 생각에 탐욕스러워진다.

예를 들어 깔끔 좀 떤다 하는 사람의 셔츠 뒷자락이 삐죽 나와 있는 걸 발견했을 때, 마치 그 사람의 약점이라도 쥔 양, 다른 사람이 거의 보지 못하는 걸 본 양 득의양양한 기분에 빠지기도 한다. 물론 그 사람에게 분명히 알려준다!

하지만 보고 싶어하는 욕망은 그다지 기품 있지는 않다.

'본다'는 행위는 좀처럼 제어하기 힘든 성질의 것. '봐서는 안 된다'고 하면 보고 싶어지고, 볼 수 없을 때는 그 상태에서 제멋대로 상상한다. 상상하는 것도 말하자면 '본다'는 것이니, '본다'

는 건 인간이 가장 제어하기 힘든 욕망이지 싶다.

무엇이든 보고 싶어하는 욕망을 스스로의 내면에서 키우고 있다는 사실을 자각한다면, 어느 정도는 자기 자신의 품격 없는, 보고 싶어하는 버릇을 길들일 수 있을지도 모른다. 욕망에 잠식당하지 않으려면 우리 자신이 무척이나 욕심쟁이라는 점을 알고 있어야 할 것이다.

선택하지 않은 인생은 잊어도 좋다

제2장

'불안과 함께 살아가는'
지혜란?

누구나 '왜곡'을
안고 있다

인간은 그런 부정적 감정을
내다버릴 장소를 필요로 한다.

'여자 아나운서'는 여러 가지를 투영당하기 쉬운 직업이다. 얼굴을 처세술의 발판으로 삼는 여자, 남자에게 아양 떨며 원하는 걸 얻는 여자, 좋은 것만 쏙쏙 잘도 골라가는 여자 등등.

여자라는 이유만으로 이득을 본다는 둥, 여자임을 무기로 내세우는 교활한 인간이라는 둥, 돈을 기준으로 남자를 고르는 계산적인 인간이라는 둥, 깔보는 태도로 남자를 휘두르는 오만방자한 인간이라는 둥 하는 평가도 으레 따라붙는다.

이렇듯 여자 아나운서란 남자와 여자 모두에게 미움받기 쉬운 처지에 놓여 있다. 일반적으로 봤을 때 앞서 말한 전형적 이미지를 대다수의 사람들이 갖고 있지 않을까. 일본의 주간지에서도 여자 아나운서 특집 같은 걸 자주 마련하고 말이다.

나 역시 여자 아나운서가 그렇게 비치기 쉽다는 점은 이해한다. 여기서 이해한다는 표현을 쓰는 것은, 그렇게 여기고 싶어하는 마음이 내 안에도 있기 때문일 것이다. 인간은 그런 부정적 감정을 내다버릴 장소를 필요로 한다.

'여자 아나운서'뿐만이 아니다. 남들 앞에 나서는 인간이란 나가시비나(流し雛)* 같은 존재다. 멋진 사람이라며 칭찬함으로써 이 세상은 아름답다는 마음을 위임할 대상이다. 동시에, 역시 너무 싫은 사람이라며 주변 사람에게는 직접 터뜨릴 수 없는 부정적 감정을 전가하여, 그야말로 바다에 떠내려 보내기 위한 도구이기도 하다.

실제로 얼굴을 맞대는 인간관계에서는 "저 여자는 진짜 싫어" 같은 말은 물론이고, 하물며 "당신은 참 기분 나쁘다"라는 말을 본인에게 대놓고 하기란 어지간해서는 불가능하다. 여러 성가신 일들이 생기니까.

그러므로 어느 정도 거리가 있는, 모종의 우상에게 그 부정적 이미지를 덧씌운다. "세상에, 역시 그렇잖아. 저런 부류의 여자는 정말 싫다니까"라면서, 스스로의 세계 안에서 앞뒤를 잘 꿰어맞추기만 하면 아무 문제 없이 후련해질 수 있다.

예를 들어 텔레비전에서 제 좋을 대로 거침없이 말하는 것처럼 보이는 사람이 있다고 가정해보자. 그 사람을 가리켜 "하고 싶은 말은 죄다 하고 말이야", "이런 부류의 인간은 왠지 싫어" 하며 무심결에 험담을 늘어놓는 당신. 싫다는 것은 곧 관심이 있다는 뜻이다.

어쩌면 당신은 일상생활 속에서도 누군가에 대해 똑같은 감정을 갖고 있지만 그걸 있는 그대로 상대에게 터뜨리면 관계가 악화될 게 뻔하기 때문에 말하지 못하고 있는 것일지도 모른다. 부지불식간에 현실의 인간관계 속에서 떠안고 있는 억압을 해방하기에 안성맞춤인 대상이 '텔레비전에서 내키는 대로 거침없이 떠드는 저 탤런트'였던 셈이다.

만난 적도 없는, 게다가 앞으로도 만날 일이 없을 생면부지 타인인, 텔레비전 화면에 있는 사람에게라면 본심을 실컷 분출할 수 있다. 텔레비전을 향해 독기를 뿜어냄으로써 스스로의 실생활을 지키는 것이다.

이와는 반대로, 실생활 속에서 동경하고는 있었지만 나와는 거리가 너무나 먼 사람, 저렇게 되고는 싶지만 내게는 무리라고 여겨지는 사람이 눈앞에 나타났을 때, 우리는 무조건 칭찬하게 된다.

일본의 전 총리였던 고이즈미 준이치로의 예를 들어보자. 한때 고이즈미 붐이 일어났던 것은 사람들이 잠재적으로 바라던 총리의 모습을 고이즈미 총리에게 덧씌우기 쉬웠기 때문일 것

'불안과 함께 살아가는' 지혜란?

이다. 그래서 크게 붐이 일었던 것이리라. 고이즈미 총리의 사진집이 나왔을 때 그걸 샀던 사람들은 지금도 잘 간직하고 있을까? 나는 업무상 그 사진집을 볼 기회가 있었는데, 책을 펼치자마자 "당신도, 저의 퍼스트레이디입니다"라는 말이 적혀 있는 걸 보고는 그만 반사적으로 덮어버리고 말았지만.

어쨌든 고이즈미 총리의 인기는 자민당을 깨부숴주길 바라는 사람이 많아서가 아니라, 자민당을 깨부수겠다고 거침없이 말하는 자민당의 수장을 보고 싶어하는 사람들이 많았던 데서 비롯되었을 것이다. 아니면 어찌되었든 텔레비전 화면에 근사하게 잡히는 총리를 보고 싶어한 사람들이 그 이상으로 많았기 때문일 수도 있다.

고이즈미 총리의 사진집이 잘 팔렸다는 건 '세상에, 이렇게 멋진 수상이 있을 줄이야! 좀더 보고 싶어, 좀더!' 하고 바라는 사람들이 많았다는 의미일 것이다. 정책에 대한 기대보다도 훨씬 더 강한 '보고 싶다'는 욕망이 세상을 움직였는지도 모를 일이다. 사람들이 보고 싶어하는 것을 보여줌으로써 세계를 바꾸는 건 간단한 일일지도 모르겠지만, 그런 욕망은 놀라우리만치 쉽게 질린다는 점을 염두에 두지 않으면 도리어 역효과가 날 수도 있다.

세상은 내 뜻대로 되지 않지만, 세상을 보는 관점을 바꿀 수는 있다. 사람은 있는 그대로의 사실을 보기보다 보고 싶은 것을 보려는 것, 바꾸어 말하면 '인식의 왜곡'에 의해 어떻게든 살아남은 것이라고 생각한다.

세상만사를 왜곡해서 받아들이는 사람이라 하면 악의로 가득 찬 인물처럼 들리는 듯하지만, '너그러이 봐주다' '눈을 감아주다' '보고도 못 본 척하다' '호의적으로 봐주다' 같은 표현에서도 알 수 있듯 인간은 세상에 대한 관점을 제 나름대로 조절하여 살아가고 있다. 눈에 비친 것에 대해 어떤 평가를 내릴지, 어떤 의미를 부여할지는 스스로가 정하는 것이다. 그렇게 함으로써 스스로를 지키고 인생을 긍정하고자 하는 것은 결코 잘못된 일이 아니다.

다만 그 왜곡이 너 나 할 것 없이 몰아붙일 만큼 극단으로 치달으면, 그 사람의 세계는 살벌하기 짝이 없는 곳이 되고 말 것이다.

★ 삼짇날 저녁, 강이나 바다에 떠내려 보내는 히나 인형(離人形) 또는 히나 인형을 떠내려 보내는 행사를 가리킨다. '가타시로(形代)'라는, 인간의 모양을 한 종이 인형에다 죄와 더러움, 부정 등을 옮겨 흘려보낸 데서 유래한다고 한다.

'불안과 함께 살아가는' 지혜란?

세상은 내 뜻대로 되지 않지만,

세상을 보는 관점을 바꿀 수는 있다.

'왜곡'은
살아남기 위한 지혜

나를 몰아세웠던 강력한 믿음과 강박관념이 사라지자,
내 삶은 겨우 쾌적해졌다.

　　　　　　새 애인이 생긴 후 예전에 만났던
사람에 대한 집착이 옅어지는 것은 왜곡을 바꾸었기 때문이다.
지금의 애인이야말로 최고라 믿는 새로운 왜곡(연애는 가장 행복
한 왜곡 중 하나이리라)을 손에 넣고 나면, 전에는 반짝반짝 빛을
내던 옛 애인과의 추억이 급속도로 퇴색한 듯 느껴진다. 옆에서
지켜보는 사람 입장에서는 지금 애인이든 예전 애인이든 큰 차
이는 없는 것 같아도, 당사자는 과거와 결별할 수 있다. 왜곡은
긍정적으로 살기 위한 지혜이기도 한 것이다.

　하지만 우리는 종종 관점을 왜곡한다는 사실을 스스로의 힘
으로는 깨닫지 못한다.

때로는 '어째서 이토록 사는 게 괴로운 걸까? 왜 남들에게 받아들여지지 않지? 뭔가 이상해, 이상하다구' 하는 생각을 버리지 못하고서 자책하거나 주위를 탓한다. 자기 자신의 본질에 문제가 있기 때문이라며 낙담하는 일도 있다.

하지만 사실 그렇지는 않다. 새로운 환경 속에서 살아남기 위해서는 관점의 왜곡을 살짝 조정하면 된다. 단지 아무 생각 없이 더 나은 쪽에 붙으라는 이야기는 아니다. 지금 이 상황에서 스스로에게 가치 있는 것을 지키려면, 눈앞에 비치는 것에 어떠한 해석을 덧붙여야 좋을지에 대해 자각적으로 생각해보는 것이다.

회사를 옮긴 후 예전 직장에서 그랬던 것처럼 새 직장에서 농담을 해도 먹히지 않을 때, 그건 본인의 농담이 시시해서가 아니라 새 직장 동료들이 아직 익숙하지 않은 탓이라고 여기는 상황을 가정해보자. 그렇게 생각하는 건 좀 딱하기도 하지만, 매사에 소심하게 대응하는 것보다는 훨씬 낫다. 재미없는 농담을 계속하지 않게 절도를 지킬 수 있다면, 스스로의 가치와 결단을 끊임없이 의심하지 않아도 된다.

신중한 낙관주의자일 수 있으려면 어느 정도의 왜곡이 필요하다.

결혼도 이와 다르지 않다. 나는 남편과 만난 지 15년, 결혼한 지 12년이 지났다. 큰아들이 태어난 후 5~6년 동안은 서로가

선택하지 않은 인생은 잊어도 좋다

지녀왔던 오랜 왜곡 모델을 이해하는 작업에 바쳤다. 각자 자란 가정환경 속에서 길러온 감각, 즉 '세상이 무엇이고 인간이 어떠한지, 그리고 나는 어떠해야 하는지'에 대한 것을 무너뜨리려면 그 정도의 시간이 걸리는 법이다.

내 경우는 결혼 후에도 내 안에 어머니와 언니가 쭉 함께 살고 있었다. 그 두 사람에게 지적받지 않아도 되는 삶을 살아야 한다는 강박에 쫓겼고, 그 강박의 힘이 너무 컸던 탓에 서른세 살 되던 해에 불안장애 진단을 받았다. 상담치료와 약물치료를 받고 나서야 그것이 내게 모종의 주술 같은 것이었음을 알게 됐고, 내게서 그걸 떼어내도 살아갈 수 있다는 사실을 깨달았다.

나아가 어머니와 언니가 인정해주는 성공을 거두지 못하면 쓸모없는 인간이라는 강박을 완전히 떨쳐냈다. 애당초 가치관이 달랐던 것이니 어찌할 도리가 없는 일이라고 생각하게 된 것이다.

그리고 지금은 어머니와 언니가 사라진 그 자리를 남편이 채우고 있다. 이런 상황에서 남편이라면 뭐라고 말할까 하는 생각을 자주 하곤 한다. 남편은 나보다 태평한 사람이라, 함께 있으면 마음이 편안해진다. 그때까지 나를 몰아세웠던 강력한 믿음과 강박관념이 사라지자, 내 삶은 겨우 쾌적해졌다.

하지만 그렇다고 해서, 나와 남편은 지금이 옳고 예전엔 잘못되었다고는 생각하지 않는다. 옛 모델이 더는 맞지 않는 것이고, 이제는 새로운 왜곡 모델로 잘 지낸다. 그냥 그 정도의 일일 뿐이다. 왜곡은 부정적 존재가 아니라, 살아남기 위한 지혜인 것이다.

짐작하건대 어머니와 언니에게도 살아남기 위해 익혀온 왜곡이 각각 있을 것이다. 그것이 그녀들을 '성공'으로 이끌었겠지만, 내게는 맞지 않았다. 이루 말할 수 없이 고통스러워서 스스로를 싫어하기만 했다.

나는, 어머니와 언니가 내게 주입했던 '다른 사람들이 비웃지 않을, 눈에 보이는 행복을 거머쥐어라'라는 메시지를 부정함으로써, 한심한 나와 어떻게든 결별할 수 있었다. 하지만 어머니와 언니의 시선으로 봤을 때는 그 또한 왜곡된 사고방식이리라. 그러나 왜곡이라고는 눈을 씻고 찾아봐도 없는 유일하고도 절대적인 답 같은 건 없다.

세상을 바라보는 관점은
보편적이지 않다

우리가 서로 깊이 사랑하고 있고,
그걸로 행복하다고 느낀다면 제3자 입장에서
아무리 가짜같이 보인다 한들 무슨 상관이 있겠는가.

'내가 한 선택은 과연 옳았을까'라
는 불안에서 자유로운 사람은 없다.

예를 들자면 하고많은 사람 중에서 그 남자를 남편으로 선택
한 것이니, 이 결혼이 성공했다고 여겨야 직성이 풀린다. 아무
리 싫은 남편이라 해도, 이 사람은 좋은 사람이니 내 선택은 옳
았다고 말이다. 남편이 싫은 건 내 탓, 아니면 다른 사람 탓이라
믿으며 상황을 어떤 식으로든 정당화하는 경우도 있다. 그렇게
해야 살아갈 수 있기 때문이다.

일을 할 때도 그렇다. '이런 회의는 할 필요 없는데'라고 생각
하면서도 '필요 없는 회의에 들어가는 것도 일에 포함된다'며 스

스로를 납득시키고는 한다.

왜곡되지 않은 사람은 어디에도 존재하지 않는다.

그와 같은 왜곡은 결코 부정적인 것이 아니라, 말하자면 저마다의 환경 속에서 잘 살고자 하는 방편인 것. 하지만 처음에는 일종의 기술처럼 습득했을 관점을 점차 자연스러운 것이라고 믿으면서 그 관점이 왜곡되어 있다는 사실을 인식하지 못하게 된다. 개인적 왜곡은 물론이고 회사와 가정, 친구 사이 등 스스로가 속해 있는 집단 안에는 질서를 유지하기 위한 모종의 왜곡이 반드시 존재한다. 내가 알아차리지 못하는 새에, 어느 시점부터 그 왜곡의 모델이 스스로를 옥죄는 꼴이 되는 것이다.

당최 말이 통하지 않는 사람, 비상식적인 사람과 만났을 때, 그저 못 참겠다며 화를 낼 것이 아니라(당연히 화가 나지만), '나는 왜 이 사람이 비상식적이라 보일까?' 하고 생각해보는 습관을 붙이면 내 안에 깃들어 있는 왜곡을 객관적으로 바라볼 수 있다는 생각도 든다. 이건 분노 조절이나 인간관계 정리에 무척 도움되는 습관이다.

애당초 인간은 밖이든 안이든 어딘가 모자라는 부분이 있어서 생각만큼 완벽하지는 않다. 그러한 까닭에 사고방식 또한 누구나 조금씩 왜곡되어 있다. 어딘가에 보편적이면서 더할 나위 없이 온전한 견식을 지닌 인간이 존재하리라고 믿어 의심치 않는다면, 이 세상은 잘못된 것, 옳지 않은 것투성이가 되고 말 것

선택하지 않은 인생은 잊어도 좋다

이다.

세상만사가 주관과 주관이 부딪히면서 생겨나기는 하지만, 그런 가운데 왠지 거기에 내 생각과는 다른 보편적인 가치가 있을 것 같은 느낌이 든다는 정도로도 충분하다. 우리가 서로 깊이 사랑하고 있고, 그걸로 행복하다고 느낀다면 제삼자 입장에서 아무리 가짜같이 보인다 한들 무슨 상관이 있겠는가.

각자의 왜곡과 왜곡이 한 치의 어긋남도 없이 일치하여, 거기에 왜곡이라곤 찾아볼 수 없는 이미지가 보이는 듯한 느낌을 받았다면 그걸로 된 거다. 다른 이들에게 보여주며 어느 각도에서 보더라도 왜곡되어 있지 않다고 일일이 확인해야만 비로소 세계를 믿을 수 있다고 생각한다면, 아마 죽을 때까지 믿을 수 있는 그 무엇과 조우하지 못한 채 생을 마감할지도 모른다.

'불안과 함께 살아가는' 지혜란?

당최 말이 통하지 않는 사람, 비상식적인 사람과 만났을 때,

그저 못 참겠다며 화를 낼 것이 아니라,

'나는 왜 이 사람이 비상식적이라 보일까?' 하고

생각해보는 습관을 붙이면 내 안에 깃들어 있는 왜곡을 객관적

으로 바라볼 수 있다

커뮤니케이션의 차질은
실패가 아닌 단순한 어긋남

각자의 의견을 조정하면서 생활을
꾸려나가지 않으면 자칫하다가는 아수라장이 펼쳐진다.

동창회에서 오랜만에 옛 친구들을
만난다고 상상해보자. 한때 같은 교복을 입고 같은 기간에 같은
학교를 다닌 사이이니 지금도 같은 생각을 하리라고 여기는 사
람이 있을까?

학생이던 시절에는 '우리는 영원한 친구' 같은 환상이 기능하
고 있었지만, 이제는 서로 완연히 다른 환경에서 저마다의 삶을
꾸린다. 앞서 말한 환상 같은 건 있지 않다. 그런데도 당시의 환
상에서 벗어나지 못한 채 술잔을 주거니 받거니 하다보면 싸움
으로 번지기도 한다. "너 왜 내 말을 이해하지 못하는 거야! 변
했구나, 너" 같은 대사와 함께.

중년에 접어든 지 오래인데도 여전히 같은 교복을 입었던 시절 그대로라고 믿는다. 정년퇴직 후에도 주변 사람들을 회사 부하처럼 대하는 사람 또한 전형적인 사례다. 직함이라는 제복을 끝까지 벗어던지지 못하는 것이다.

회사를 그만둘 때 뼈저리게 느꼈다. "사전 협의를 하는 게 상식이잖아"라고들 내게 말했지만, 그만두겠다고 결정한 순간부터 그건 내게 더는 상식이 아니었다.

가족도 마찬가지다. '왜냐니, 우린 가족이잖아'라는 생각은 위험하다. 부부이니까, 부모자식이니까 서로 이해할 것 같지만, 그렇지 않다. 각자의 의견을 조정하면서 생활을 꾸려나가지 않으면 자칫하다가는 아수라장이 펼쳐진다.

같은 집단에 속해 있으면 공통의 화제는 분명 많지만, 그렇다고 해서 가치관까지 같아야 한다고 주장하고 또 어떤 것을 선택할 때의 행동까지 일치해야 옳다고 이야기하는 것은 속박이다. 또한 상대를 제대로 보고 있지 않다는 뜻이기도 하다.

어느 한쪽이 예전 그때의 제복을 줄곧 입었다 한들, 또 어느 한쪽이 먼저 벗어버렸다 한들, 환경과 상황이 달라지면 전만큼 공감할 거리가 생겨나지 않는다. 하지만 과연 그것은 진실로 커뮤니케이션의 실패인가? 그때까지의 동료의식은 환상이었는가?

그럴 때는 그저 어긋났다고 생각하면 그만이다. 실패한 게 아니라 어긋난 거라고 생각하는 수밖에 없다. 어긋나는 일은 이따금씩 벌어지는 법이라, 어긋나는 걸 두려워하거나 부정적으로 받아들여버리면 어긋남이 없는 세계, 즉 타자가 존재하지 않는 세계에 홀로 틀어박히는 것 외에 길은 없다.

변하지 않는 타자를 갈구한다면 불상을 상대로 이야기하는 수밖에 없다. 불상이라 해도 먼지는 끼겠지만.

세상만사 말하기 나름,
생각하기 나름

관점에 따라 세상은
지옥이 될 수도 있고 우리집이 될 수도 있다.

대학 시절 수업에서는 논쟁을 많이 했는데, 논쟁을 위해 사용하는 데이터도 마찬가지다. 찬성하는 쪽도 반대하는 쪽도 똑같은 데이터를 쓸 수 있다. 데이터가 같은데도 정반대의 의미를 지니는 경우가 발생한다.

이를테면 어떤 백신의 접종을 해야 하는지를 두고 논쟁을 벌인다고 해보자. 부작용에 관한 데이터를 활용하여 '부작용이 더 많은 백신이 있으니 걱정하지 않아도 된다'고 주장한다면, 찬성하는 입장으로서 해당 데이터를 쓸 수 있다. 한편 반대하는 입장에서는 '부작용이 더 적은 백신이 있으니 사용을 중지해야 한다'고도 말할 수 있다.

선택하지 않은 인생은 잊어도 좋다

똑같은 데이터라도 무엇과 비교하는지, 어떤 맥락에서 사용하는지에 따라 다른 인상을 줄 수 있다. '이런 기회주의자 같으니!'라고 할 수도 있겠으나, 이는 때때로 내 힘으로는 어찌할 수 없는 불변의 조건 속에서 어떻게든 스스로의 인생을 긍정하고자 하는 데 좋은 수단으로 기능할지 모른다. 이와 동시에 정의란 무엇인가를 거듭 질문하는 작업이기도 하다. 주어진 육체, 주어진 환경은 바꿀 수 없다. 하지만 관점과 사고방식은 바꿀 수 있다. 그에 따라 희망을 발견한 사람은 숱하게 있을 것이다.

만사는 생각하기 나름이다.

관점에 따라 세상은 지옥이 될 수도 있고 우리집이 될 수도 있다. 공정한 관점은 물론 중요하지만 왜곡되지 않은 눈을 가진 사람은 없다. 게다가 관점이 왜곡되는 게 부자연스럽다거나 불건전하다는 이유로 배제하다가는 살아가는 일 자체를 부정하게 된다. 어찌되었든 나와 타자의 어긋남을 받아들이며 살아야 한다. 그 불안함과 공존해야 하는 것이다.

논쟁으로 단련된 대학 시절은 내게 귀중한 경험이 되었다. 논쟁에서는 논의의 방향을 살피며 그때그때마다 민첩하게 데이터 카드를 찾아내는 이른바 후방 지원이 특기인 사람도 있고, 말재간도 수완도 뛰어나서 상대를 꼼짝 못하게 만드는 데 능한 사람도 있다.

나는 의외로 둘 다에 재주가 있었다. 그래서 훗날 라디오의

토론 프로그램을 맡게 되었을 때도 눈앞에서 일어나는 일에 대응하면서 중간에 방치된 이야기를 어떻게 이을지, 바로 이어서 필요해질 이야기는 무엇일지 등과 같이 서너 가지 일을 동시에 생각하며 진행할 수 있었다.

하지만 그 기초는 어머니와 언니를 통해 단련된 것이기도 하다.

나는 어머니와의 관계 때문에 늘 힘들었다. 도대체 왜 이다지도 말이 통하지 않는 건지 이해할 수 없었다. 어머니나 나나 똑같은 언어를 쓰고 있는데도 하나의 사실을 네 가지 정도의 방법으로 설명하곤 했다. 이렇게 말해봐서 통하지 않으면 다른 방법으로 설명해가며 매일 세 시간은 너끈히 싸웠다.

그리고 마지막 순간에 어머니는 "네가 무슨 말을 하는지 다 알겠어. 이러이러한 거지?"라고 말하는데, 어머니의 생각은 처음과 조금도 달라지지 않은 채였다. 내 어머니는 다른 사람은 안중에도 없는 사람이었던 거다. 스스로가 보는 것만이 세상의 전부였다. 딸과 생각이 다르다는 것조차 깨닫지 못했다. 그럴 때마다 나는 이 세 시간 동안의 수행은 대체 무엇이었단 말인가 하며 절망했다. 무척이나 고통스러운 경험이었지만, 어머니 눈에는 어째서 그렇게 보이는 걸까 하는 물음을 계속해서 품게 된 계기이기도 했다.

빈정거리기 좋아하는 언니의 존재도 컸던 것 같다.

언니는 상대를 관찰해서 약점을 잡아내는 능력이 대단히 뛰어났다. 바꾸어 말하자면 비판정신이 있다는 의미일 것이다.

나는 아이였을 때 국어 교과서를 소리 내서 읽는 걸 좋아했다. 내 방에서 감정을 실어 책을 읽고 있노라면, 언니는 문 바깥에서 "감정을 살려 읽는 건 좋은데, 공부할 생각이라면 입 다물고 조용히 읽어줄래?"라고 쏘아붙였다.

언니의 한마디에는 내 자아도취를 간파하고는 비웃어주려는 악의뿐만 아니라, '좀더 공부에 집중하라'는 정론도 포함되어 있었다. 악의만 담겨 있다면 항의할 수 있다. 하지만 언니는 악의와 동시에 '지당하신 말씀'도 함께 전달함으로써 내게 반론할 여지를 주지 않았다. 어린 마음에도 기분은 나쁘지만 훌륭한 솜씨라며 분해했다.

이런 일도 있었다. 아버지가 홍콩으로 발령받아 나 역시 그곳에서 살게 됐을 때, 언니가 놀러와서 현지 텔레비전 프로그램을 함께 본 적이 있다. 나는 언니가 일본에서 홍콩에 왔다는 게 기뻐서, 나란히 앉아 텔레비전을 볼 수 있다는 것도 기뻐서 한껏 신나 있었다.

호주에서 소학교 과정을 마친 언니는 영어를 잘했기 때문에, 영어로 방송되는 텔레비전 프로그램의 내용도 제대로 이해할 수 있다. 언니가 텔레비전을 보며 웃었을 때 나도 기분이 좋아서 함께 웃었더니 "너 영어 모르잖아"라며 핀잔을 줬다.

언니는 내가 언니를 잘 따르고 싶어한다는 걸, 언니와 함께 있을 수 있어 기뻐한다는 걸 알면서도 '너는 기쁠지도 모르겠는데, 내게 너는 거슬리는 존재이니, 부디 너와 똑같은 기분으로 내가 이 공간을 공유하고 있다고는 생각하지 말아줄래?'라는 적의를 품고 있다. 그런데다 내가 알은척한 데 대해 '그건 꼴사나운 짓이야'라는 정론을 덧붙인다. 나는 끽소리도 내지 못한다.

매일매일이 그런 식이었다. 언니 같은 사람이 가까이에 있으면 더욱더 비판적인 안목이 길러진다. 언니에게 비판당하지 않기 위해 언제나 언니보다 한 발짝 앞서서 나 자신을 객관적으로 보려는 버릇이 생긴 것이다. 그러한 버릇은 언니의 심리와 내 언동을 대조하는 작업이었다. 승률은 결코 높지 않았지만, 언제 덮쳐올지 모를 공격에서 나를 지키는 길이기도 했다.

하지만 언니는 그저 빈정거리기만 할 뿐인 사람은 아니었다. 정의감도 대단히 강했다.

내가 아직 유치원생이었을 때, 텔레비전에 나오는 방송인을 가리켜 차별하는 발언을 입에 올리자 언니는 불같이 화를 냈다. "너 말야, 그게 어떤 뜻인지 알고 말하는 거야? 엄마가 그런 표현을 썼을지는 모르겠는데, 그건 무지 나쁜 말이야"라고.

정의감이 강한 까닭에, 그것이 스스로의 욕망과 결합되었을 때는 강렬한 악의로 변환된다. 하지만 때로는 진지하고도 올곧은 관점을 내게 보여주었다.

정의감이란 누구에게 공격의 화살을 돌리느냐에 따라 좋은 본보기가 되기도 하고 독이 되기도 한다. 나는 그걸 언니에게서 배웠다.

비판적 안목과 정의감 외에도, 언니는 아름다운 것과 세련된 것을 좋아했다. 그래서 나는 지식을 쌓고자 하는, 더욱 세련되고 고급스러운 것을 알고자 하는 향상심에 이끌렸고, 언니에게서 지대한 영향을 받았다. 내가 10대 무렵부터 서양화와 노(能), 가부키(歌舞伎)에 친숙해진 것도 언니가 이미 빠져들어 있었기 때문이다. 그런 것들을 내게 전수해준 데에는 무척 고마워하고 있다. 분명 언니에게도 할말이 많을 것이다. 나는 고분고분함이라곤 조금도 없는 동생이었으니까.

누군가에 대해 나쁘게 말하려고 하면 얼마든지 이유를 찾아낼 수 있고, 고마워하려 들면 배울 점도 많다. 특히나 가까운 사이란 원래 그런 게 아닐까. 어느 쪽을 택할지는 그때그때마다 달라지고, 그 어느 쪽도 진실이리라고 생각한다.

어찌되었든 나와 타자의 어긋남을 받아들이며 살아야 한다.

그 불안함과 공존해야 하는 것이다.

'새로운 왜곡'으로
갈아입는 일이 재미있다

어머니는 나와 언니에게 빙의함으로써
'당신이 누렸을지도 모를 인생'을 살려고 했다.

작가인 에쿠니 가오리(江國香織)와 잡지에서 대담을 나눴을 때, 세상을 보는 관점에 대해서도 이야기했었다. 뭔가를 자기 좋을 대로 믿어버리고, 스스로를 정당화하고, 상대를 나쁜 사람으로 만드는 일은 누구나 한다. 여기서 말하는 믿음이란, 얼핏 어리석은 것같이 보여도 실제로는 문학적 작업이라 생각한다고 에쿠니 가오리는 말했다.

세상을 보는 관점을 왜곡한다는 것은, 사실은 어떠한지 알고 있으면서도 '아냐, 그렇지 않아' 하며 다른 것으로 치환해버리는 일이다. 이는 고도의 지적 작업이 아니겠는가라는 것이 에쿠니 가오리의 의견이었다.

'불안과 함께 살아가는' 지혜란?

그 의견에 따른다면 세상을 보는 관점이 왜곡된 인간은 어리석다는 둥, 세상 물정을 모른다는 둥 하는 말이 불가능할지도 모른다. 그렇게 생각한 순간, 어머니에 대한 내 관점이 달라졌다.

서른세 살 때, 어머니와의 관계가 주요 원인이 되어 불안장애를 일으킨 후 상담을 받았다. 그 결과 알게 된 것은, 어머니는 당신이 보려고 하는 대로만 나를 본다는 사실이었다.

나는 내 딸을 사랑하고 있으니 딸에 대한 건 뭐든 안다. 딸도 내 마음을 알고 있을 거다. 딸은 내 세계를 완벽하게 만들어주기 위한 존재이고, 살면서 얻지 못했던 것들을 가져다주는, 말하자면 또하나의 나인 것이다. 어머니는 그렇게 생각했던 것인지도 모른다.

어머니는 나와 언니에게 빙의함으로써 '당신이 누렸을지도 모를 인생'을 살려고 했다. 당신이 이상으로 삼은, 결혼을 통한 신분 상승을 위해 딸들이 인생을 소중히 여기며 언제나 향상심을 갖길 바랐다. 그건 바람이라기보다는 강한 집념이었다.

그런 식으로 해서, 생각대로는 흘러가지 않았던 그녀의 세계의 균형을 지켰던 것이다. 어머니는 그 딸을 매개로 행복을 되찾는 식의 방법이 아니고서는 인생을 긍정하지 못한 사람이었으리라. 이를 깨달았을 때, 어쩔 수 없었겠구나 하는 생각과 함께 겨우 포기할 수 있게 됐다. 인간이 행복해지려고 하는 것은 자연스러운 일이다. 그것이 어머니의 방식이었다면, 나로서는 다른 방도가 없었겠다고 말이다. 어머니의 방식이 옳았다고는 생각하지 않지만, 관점을 조금 바꾸니 어머니에게 공감할 수 있게 됐다.

어머니는 또한 아버지가 다니던 회사의 동료 아내들과의 인간관계에서도 고충을 겪었다. 어머니는 내게 "사람은 누구나 한냐(般若)*가 될 수도 있고 부처님이 될 수도 있어. 엄마는 ○○씨가 한냐 같은 얼굴일 때는 너무 힘들지만, 부처님 얼굴일 때는 잘 지낼 수 있으니까, 그걸로 괜찮아"라는 말을 자주 했다. 해외 주재원 아내들 사이에서의 서열 안에서 기가 죽어 바르르 떨던 어머니를 나는 어리석다고 생각했었다.

어머니는 어리석은 사람이니 세계를 그런 식으로밖에 보지 못했다. 그렇게 생각함으로써 나는 내 세계의 균형을 유지했던 것이다. 나는 나쁜 아이가 아니야, 엄마가 멍청한 거야. 이렇게 생각하려고 했다.

하지만 그건 어머니 나름의 문학이었다고 치환해보자, 그제야 어머니에게 공감할 수 있었다. '어머니는 무지몽매했으니, 불쌍한 사람이야'라는 식으로 어머니를 포기하려 했던 심리보다 훨씬 나았다. 전혀 다른 이야기를 통해 어머니와의 관계를 새롭게 이해한 것이다.

에쿠니 가오리의 한마디로 나는 어머니에 대한 관점을 바꿀 수 있었다. 새로운 왜곡을 손에 넣었을 뿐인지도 모르지만, 이 얼마나 축복받은 일인가라고 생각한 것이다.

소설이란, 이렇게 해서 누군가를 행복하게 하는 것이구나 싶었다. 사람은 결국 세상을 왜곡하여 보기 마련이다. 그렇다면 더욱 나은 서사를 제공함으로써 타인에게 보여줄 세계의 모습을 아름답게 꾸밀 수 있다.

에쿠니 가오리와 대화하면서 나는 새로운 서사를 얻었다. 어머니가 세계를 왜곡했던 일이 지적 작업이었다고 받아들임에 따라, 내 왜곡이 새로운 형태로 전환된 것이다. 어머니가 살아 있는 동안에 어머니에 대한 새로운 왜곡을 얻을 수 있어서 정말 다행이다.

다른 사람과 이야기하는 즐거움은 그런 데에 있다고 생각한다. 서로에게 영향을 줌으로써 새로운 왜곡으로 갈아입는다. 어쩌면 그걸 몇 번이고 반복하면서 서로 점점 비슷한 옷으로 갈아입은 듯한 착각에 빠지는 게 사랑 또는 우정일지도 모른다.

그렇게 해서 세계가 내게 점차 좋은 곳으로 변모하고, 함께 살아가는 사람에게도 같은 생각을 심어줄 수 있다면 그걸로 충분하다. 무엇이 진실인지보다는 무엇을 소중히 여기느냐가 핵심일 것이다.

★ 노멘(能面)의 하나로, 커다랗게 찢어진 입과 귀기 어린 표정을 지은 여자의 얼굴을 하고 있다. 질투와 원한으로 가득한 여자를 상징한다.

선택하지 않은 인생은 잊어도 좋다

서로에게 영향을 줌으로써 새로운 왜곡으로 갈아입는다.

어쩌면 그걸 몇 번이고 반복하면서 서로 점점 비슷한 옷으로

갈아입은 듯한 착각에 빠지는 게 사랑 또는 우정일지도 모른다.

제3장

'커뮤니케이션 능력'이란
무엇일까?

커뮤니케이션에
필요한 것은 '관찰력'

사람과 사람은 서로 이해할 수 없는 존재들이고,
오해도 수없이 한다.

만일 당신이 커뮤니케이션 능력의 부재로 고민하고 있다면, 앞에서도 이야기했듯 세상을 보는 관점의 왜곡, 즉 착각에 착각을 거듭해야 인간은 살아남을 수 있다는 사실을 떠올리길 바란다. 더 괜찮은 착각을 해버리면 그만이라는 정도로 태평하게 생각해도 된다.

그러기 위해서는 먼저 상대가 어떠한 관점의 왜곡(습관)을 가지고 있는지, 그리고 나는 어떠한 왜곡을 가졌는지를 아는 것이 중요하다. 이 문제를 생각하는 힘이 커뮤니케이션 능력인 것이다. 상대가 흡족해할 만한 내용을 말하는 힘이 커뮤니케이션 능력은 아니다.

'커뮤니케이션 능력'이란 무엇일까?

이 '커뮤니케이션 능력'이라는 표현이 도리어 타인과의 관계를 어렵게 만드는 것 같다.

'올바른' 대화 기술을 익혀서 '나만의 언어'로 말하고, 효율 좋게 정보를 교환하는 것이 커뮤니케이션 능력이라고들 한다. 그리고 어떻게 해야 자기 자신에 대한 인상을 상대에게 남기느냐, 또한 어떻게 해야 다른 사람보다도 재미있는 말을 하느냐가 커뮤니케이션 능력의 높낮이를 좌우한다고들 한다. 그러한 탓에 구직 활동을 하는 중이거나 결혼 상대를 찾는 사람 중에 적지 않은 이들이 상처를 받기도 할 것이다.

커뮤니케이션 능력이 높다는 것은 다른 사람의 환심을 사는 데 능하다는 뜻이 아니다. 사람과 사람은 서로 이해할 수 없는 존재들이고, 오해도 수없이 한다. 아무리 똑같은 것을 바라보고 있다 한들 갈등이 빚어진다. 그런 일들이 언제나 발생한다는 전제하에 지금 무슨 일이 일어나고 있는지를 관찰하는 힘이 커뮤니케이션 능력이라고 생각한다. 다시 말해 어째서 이 사람은 저런 행동을 하며, 왜 이런 말을 하는지를 살피는 것이다.

커뮤니케이션에 필요한 것은 상대를 관찰하는 힘이다.

아들에게도 자주 말한다. 싫은 사람은 반드시 있다. 내가 아무런 잘못을 하지 않았는데도 기분 나쁜 짓을 하는 사람도 있고, 생각지도 못한 반응을 보이는 사람도 있다. 사람이 변하는 경우도 있다. 하지만 번번이 그저 울컥하거나 화를 내봤자 소용

없다. 인간이란 그런 존재이니까.

다만 내가 할 수 있는 일이 한 가지 있다. 상대를 잘 관찰하는 일이다. 상대와 내가 각기 놓여 있는 상황을 구석구석까지 파악할 수 있게 되면, 상대의 단순한 장난에도 '이 자식, 두고 보자' 또는 '내가 왜 이런 일을 겪어야 하지?' 하며 고민만 하는 데서 벗어나게 되고, 얼마간은 마음도 가라앉는다.

인간관계에서 뜻대로 되지 않는 경우에도, 사람은 그때그때의 장소와 상황에 따라 달라지는 법이니 이게 세계의 전부는 아니라고 생각할 여유도 생긴다.

커뮤니케이션 능력이란 상대가 나를 이해하게 만드는 것이며 또한 나에 대한 인상을 남기는 것이라고 믿기 쉬운데, 그랬다가는 오히려 눈앞의 현실을 직시하지 못하게 되고 사람과 사람 사이의 관계를 크게 오해하게 되기도 한다. 내가 상대에게 받아들여지지 못하는 것은 내 전달력이 부족한 탓이라고 여기면서.

노력하면 사람과 사람은 서로 완전히 이해할 수 있고 또 상대가 나를 완벽하게 이해해줄 수 있다는 믿음이야말로 엄청난 착각이다. 사람과 사람은 좀처럼 서로를 이해할 수 없다. 그러니 어떠한 오해나 충돌이 빚어질지 생각해볼 것. 그렇게 생각할 수 있는 힘이 사람에게 희망을 품게 하고, 세상을 받아들일 여유를 선사한다. 우리는 사람과 사람 사이의 애매한 관계 속에서 살아가야 한다.

'커뮤니케이션 능력'이란 무엇일까?

노력하면 사람과 사람은 서로 완전히 이해할 수 있고

또 상대가 나를 완벽하게 이해해줄 수 있다는 믿음이야말로 엄

청난 착각이다.

사람과 사람은 좀처럼 서로를 이해할 수 없다.

사람과 사람은 서로를
100퍼센트 이해하지 못한다

그 거리와 차이를 재는 노력을 기울이는 것이,
살아 있는 동안에 할 수 있는 최대한의 일인 것이다.

사람과 사람은 대부분 서로 이해하지 못한다. 서로를 100퍼센트 이해하기란 필시 그 누구와도 불가능하다.

하지만 지금 내 곁에 누군가가 있고, 그 사람의 존재를 느끼며 살아가는 것은 축복받은 일이다. 나와 상대 사이에 얼마만큼의 거리가 있을지. 같은 것을 봤을 때 상대는 어떻게 보았을지. 그리고 나와는 어떻게 다를지.

그 거리와 차이를 재는 노력을 기울이는 것이, 살아 있는 동안에 할 수 있는 최대한의 일인 것이다.

그렇게 생각하게 된 후 나는 어째서인지 숨쉬는 게 편해졌다.

타인과의 관계에서도 예전처럼 그다지 답답하다 느끼지 않게 됐다.

한때는 이 사람이야말로 진정한 친구이고 이 사람이야말로 평생의 친구일지도 모른다는 생각에, 상대에 대해 좀더 알고 싶은 기대감에 차서 내 이야기를 들려주고 상대의 이야기를 듣는 노력도 했었다. 그러다가 상대는 내가 기대하고 있었던 것만큼 나와의 관계를 진지하게 생각하지는 않았다는 걸 알았을 때, 나는 내 커뮤니케이션 능력이 부족한 탓이라고 생각했다. 내게 ×표를 쳤다. 방법이 틀려서 내 마음이 제대로 전해지지 않은 것이라고 생각했다.

그러나 지금은 이렇게 생각한다. 내가 상대에게 호감을 느낄 때 상대도 내게 호감을 느끼는 건 우연이다. 그리고 우연은 분명 고마운 것이다.

내가 가진 호의가 열매를 맺지 못했다고 해서 그 사람과 이야기를 나눈 일까지 헛된 꼴이 되지는 않는다. 좋은 사람이다 싶은 사람과 만나고, 세상에는 이렇게나 재미있는 사람이 있음을 발견하는 정도로도 충분하다. 그런 식으로 생각할 수 있게 되자, 스스로에 대해 일일이 마이너스 평가를 내리지 않게 됐다.

이미지로 표현하자면, 예전에는 상대에게 선을 쭉 그을 때 반드시 제대로 이어야 하고, 빗나가거나 선이 끊기면 실패했다고 생각했다. 내 주변에는 온통 그렇게 실패한 선으로 가득해서,

너저분한 인생을 지금까지 살아온 셈이었다. 나를 제외한 모든 사람은 분명히 누군가와 제대로 이어져 있는, 깨끗하고 아름다운 선들만 지니고 있으리라고 생각했다.

하지만 이제는 싹둑 잘리거나 빗나가서 볼썽사나운 선일지라도, 없는 것보다는 있는 게 축복 같다. 내 상상과는 달리 다른 사람들도 모두 잘려나간 선들 때문에 어수선한 채로 살고 있지는 않은지. 이어져 있던 것이 중간에 끊기거나 먼 곳으로 불쑥 가버리기도 한다. 지금 굵은 선으로 이어져 있다고 느껴지는 것은 한두 가닥이고, 나머지는 깃털같이 가벼운 것들뿐이다. 하지만 그걸로도 족하다고 여기게 된 후로, 다른 사람과 커뮤니케이션을 하는 것이 전보다는 훨씬 편해졌다.

예전에는 커뮤니케이션을 상대에게서 호의적이거나 긍정적인 대답을 얻어야 비로소 성립하는 것이라 생각했다.

하지만 지금 이 관계에서 무슨 일이 일어나고 있는가를 탐색해보고, 무슨 일이 일어날지 시도해보는 일 자체가 나와 나의 바깥, 즉 내가 살고 있는 세계와의 교류이고 대화다.

상대에게서 받는 호의적 대답은 말하자면 덤 같은 것이어서, 내 뜻대로 되지는 않는다. 그도 그럴 것이, 상대의 뇌가 하는 일이니까. 꽤나 방자한 생각이라 여길지도 모르겠지만, 이는 커뮤니케이션 강박증에 빠지지 않게 하는 데 효과적인 방법이다. 오는 자를 거부하지 않고, 떠나는 자를 쫓지 않으며, 미완의 관계를 소중하게 다룰 것.

서로 100퍼센트 이해할 수 있는 세계가 있다고 생각하기 때문에 그곳을 목표로 삼고 죽을힘을 다해 정답인 지점을 찾으려 하지만, 처음부터 오해와 오해에서 시작된 것이 어쩌다 신기하게도 요(凹)와 철(凸)이 딱 맞아떨어지는 바람에 얼핏 조화로운 하나의 세계로 보인다는 것 외에 인간이 서로를 이해하는 일은 없다.

이를 전제로 삼으면, 이번에는 저 사람과 때마침 맞지 않았어도 다음에는 맞을지 모른다. 그런 식으로 누군가와의 관계를 보류할 수 있다. 그렇게 생각하면 무척 편해진다.

'올바른' 커뮤니케이션이 존재하고, 정답은 하나뿐이라 생각하면 한 번 오답을 낸 관계는 영원히 되돌릴 수 없으리라고 믿게 된다.

완전한 인간이 있을 리 없을뿐더러, 시간의 흐름과 더불어 서로 변해간다. 그렇게 생각하기 시작하자 '남들과 잘 어울리지 못한다'는 열등감에서 적잖이 벗어날 수 있었다.

'해야 한다' 같은 건 없다

／

내가 한 선택을
내 스스로 기꺼워하면 그만이다.

예전에는 뭐든지 흑백을 가리고 싶어했고, 이렇게 하면 반드시 저렇게 된다고 생각했다.

하지만 그렇지 않았다. 이렇게 해도 꼭 저렇게 되지 않고, 하얗지도 까맣지도 않은 잿빛 세계 속에서 그 어느 쪽에 속하지 않은 채로도 사람은 온전히 서 있을 수 있다. 세상만사, 이렇게도 말할 수 있고 저렇게도 말할 수 있다. 저랬던 것이, 그렇지 않게 되는 경우도 있다.

하지만 흐르는 물처럼 형태를 계속해서 바꾸는 세상이라 해도 불안해하지 말자. 나도 그렇게 해서 형태를 바꾸며 흐르고 있고, 상대 또한 형태를 바꾸며 흐르고 있으니까.

153

이를테면 'A씨는 좋은 사람인가 나쁜 사람인가'라는 물음을 두고, 어느 한쪽이 정답이라 가정하고 해결하려 하면 무척 어려워진다. 오늘의 A씨는 좋은 사람이고 내게 무척 친절했지만, 부하에 대한 태도는 다르다. 그렇게 되면 A씨가 좋은 사람인지 나쁜 사람인지 헷갈린다. 답은 무엇일까 싶어서 고민에 빠진다.

애인의 태도에 대해서도 '이 사람은 정직한지, 거짓말을 하고 있는지' 모르겠어서 고민하기 시작했다가는 한도 끝도 없다. 오늘은 나를 진실로 사랑해주는 것 같아도 어제 점심때 무얼 했을지 알 수 없고, 지금 또한 다른 여자를 떠올리고 있을지도 모른다. 의심하기 시작하면 멈출 수 없다.

하지만 사랑하는 사람과 함께 있을 때 행복하다, 살아 있어 기쁘다, 이 사람의 이야기 속에는 배울 점이 있다, 내가 살고 있는 세계가 조금이라도 좋은 곳이라고 여길 수 있게 해준다 등과 같은 생각이 든다면, 그런 생각 자체는 의심할 여지가 없는 것이다.

그렇다면 좋은 사람인지 나쁜 사람인지 정하지 말자. 어떤 사람인지 알 수 없는 사람과의 관계에서도 얻을 것은 있다. '정답'인지 아닌지 알 수 없는 사람과의 관계에서도 왠지 마음이 따뜻해지는 경우가 있다. 그걸 있는 그대로 받아들이면 된다.

좋은 사람이냐 나쁜 사람이냐. 정답이냐 오답이냐. 그런 식으로 상대를 평가하는 것은 의미가 없다. 중요한 것은 상대와 함께할 때 내 안에 어떠한 감정이 싹텄는가 하는 점이다. 여기로 눈을 돌려야 한다.

주위로부터 "저런 시원찮은 남자와 사귀다니……" 하는 말을 들을지도 모르니까, 또는 속아넘어가서 가짜를 손에 넣고 싶지는 않으니까 어떻게 해서든 상대를 평가하고 만다. 애당초 주위의 눈이란 대체 누구를 가리킬까? 엄마 친구? 형제자매? 어머니? 타인이 볼 때는 그저 그럴지라도, 그런 시선은 내 알 바 아니다. 내가 그 사람과 함께함으로써 내가 살고 있는 세계를 긍정할 수 있다면, 내게 축복인 것이다.

그 모두 스스로의 뇌가 결정하는 것. 타인에게 인정받지 못하면 가치가 없다고 생각하는 이상, 행복해질 수는 없다.

내가 한 선택을 내 스스로 기꺼워하면 그만이다. 우리는 뇌라는 감옥 안에 갇혀 있는 셈이니까. 내 뇌 속에서 어떤 멋진 무엇이 태어났다면, 그것 자체를 소중히 여길 일이다.

이걸 타인이 봤을 때 착각이라 하면 어쩌나, 속고 있는 건 아닐까 하고 매사에 일일이 불안해할 필요는 없는 것이다. 그 사람의 '진실된 모습' 같은 건 알 수 없다. 하지만 그 사람과 같이 있음으로 해서 이 세상이 좋은 곳처럼 느껴진다면, 그건 축복이라고 생각한다.

누군가와 어느 한순간 통했다는 느낌, 분명 지금 귀한 것을 함께 보았다는 느낌을 얻는 때가 있다. 설령 그후 관계가 변했다고 해도 그때 그 순간이 소멸하지는 않는다. 한때 확신을 가졌던 것들의 가짓수를 늘림으로써, 사람은 충분히 살아갈 수 있다.

이 세상에서는 '이러이러해야 한다'는 식의 메시지가 강력한 힘을 발휘한다. 그러한 메시지들은 몇 가지 선택지가 이미 내 앞에 있고, 내가 어떻게 고민하느냐에 따라 앞날이 얼마든지 달라질 수 있으리라는 생각에 사로잡히게 한다. 그리고 잘못된 선택을 하면 어떻게 하지라며 불안해하게 만든다.

스스로 내린 결단을 스스로 인정하기란 무척 부담스러운 일이다. 그래서 우리는 '이쪽 길을 선택하면 멋진 인생이 된다'거나 '이렇게 살아야만 가치 있는 인생이다'라고 하는 타인의 메시지에 매달리고 싶어지는 게 아닌가 싶다.

그 무엇도 생각대로 흘러가지 않는다. 마음먹은 대로 이루는 게 가능할 것이라 믿기 때문에 고달파진다. 올바른 커뮤니케이션이라면 제대로 전달될 것이고, 주변 사람들이 인정한다면 행복해질 것이고, 어딘가에 있을 정답을 제대로 골라낼 수 있을까? 아니, 그렇지 않다. 내 마음대로 되는 건 하나도 없으며, 마음대로 된다고 생각하지 않아도 좋다. 뜻대로 안 된다고 생각하면, 뜻밖의 결과에 화를 낼 일도 사라진다. 뭔가 커다란 실패를 저질렀다고 여기지 않아도 되는 것이다.

선택하지 않은 인생은 잊어도 좋다

중요한 것은 상대와 함께할 때

내 안에 어떠한 감정이 싹텄는가 하는 점이다.

대화 선수가 커뮤니케이션 선수는 아니다

사람은 변해가는 존재이므로,
지금은 이어져 있는 인간관계가 끊기기도 한다.

"우리는 한편이잖아"라는 말을 즐겨 하는 사람이 있다. 어떤 상황에서도 같은 편임을 확인하려 든다. 여자들끼리 갖는 모임에서는 특히 그렇다.

"우리는 한편이잖아" 하며 거듭 다짐을 받고, "맞아, 우리는 같은 편이야"라며 다 같이 확인하는 상태를 가리켜 커뮤니케이션이 성공했다고, 또는 커뮤니케이션이 성립됐다고 생각할지도 모른다.

하지만 서로가 그런 말을 주고받는다는 것은 신뢰 관계가 성립되어 있지 않다는 뜻이다.

예를 들어 결혼한 지 10년 된 부부가 "우리는 참 멋진 커플이

선택하지 않은 인생은 잊어도 좋다

야"라며 타인에게 어필할 경우, 별일 없는 걸까 싶다. 그런 걸 하나하나 증명하지 않아도, 자연스레 한 방향을 향해 함께 나아 가고 있다는 암묵적인 이해가 서로에게 있다면 충분하다.

그걸 굳이 타인을 향해 입 밖으로 꺼내는 이유는, 그렇게 해 서라도 타인에게 인정받지 않고서는 스스로의 행복에 자신감을 가지지 못하기 때문이다. 행복한 듯 보여야 행복한 것이라는 믿 음에 빠져 있는 것인지도 모른다.

커뮤니케이션 선수인 양 보이는 사람이란, 타인에게 어떻게 보일지를 통제하는 데 뛰어나기는 하지만, 마음과 마음을 통하 게 하며 유지하는 능력이 높다는 뜻은 아니다. 말하자면 처세에 능한, 요령이 좋은 것일 수는 있겠으나, 스스로의 인생을 긍정 하며 타자와 공존하기 위한 힘과는 다르다.

대화를 잘하기만 하면 탄탄한 인간관계를 만들 수 있고, 결과 적으로 풍요로운 인간관계에 둘러싸여 살아갈 수 있으리라는 생각, 또는 대화에 공을 들이면 마치 건물처럼 튼실하고 양호한 인간관계가 스스로의 주변에 구축되어 그 속에서 안심하고 살아 갈 수 있으리라는 생각을 할지도 모르겠지만, 그건 다 환상이다.

사람은 변해가는 존재이므로, 지금은 이어져 있는 인간관계 가 끊기기도 한다. 그런 불완전한 관계 속에서 인생을 긍정하려 면 마음먹은 대로 되지 않는 현실을 받아들이는 힘이 필요하다.

'커뮤니케이션 능력'이란 무엇일까?

커뮤니케이션은
'점의 연속'

평생의 친구나 운명이 정해준 사람과는
분명 굵고 긴 선으로 빈틈없이 탄탄하게
이어져 있으리라고 확신하지 말기를.

현재에서 미래를 향해 끊어진 부분 없이 이어지는 한 가닥의 선. 진짜 인간관계란 그러한 것이라는 이미지를 갖고 있다면, 아니라는 이야기를 하고 싶다.

커뮤니케이션이란 불규칙한 점의 연속이다.

평생의 친구나 운명이 정해준 사람과는 분명 굵고 긴 선으로 빈틈없이 탄탄하게 이어져 있으리라고 확신하지 말기를.

우리는 쉽게 '친구가 된다'고들 말한다. 실수를 저지르지 않는 이상 앞으로도 변치 않는 친구일 게 분명하다. 지금의 위치에서 쫓겨나지 않도록 해야 한다. 싸움이라도 했다가는 '실패'다······ 이런 식으로 생각하면 답답해진다.

친구가 '되는' 게 아니라, 친구라고 '느끼는' 것이다. '느끼는'

선택하지 않은 인생은 잊어도 좋다

것의 연속인 셈이다.

이런 순간을 떠올려보자. 누군가와 대화를 나누고 함께 술을 마시며, 상대가 무척 가깝게 느껴지는 듯한 기분이 들었다. 이 얼마나 축복받은 시간인가. 이런 시간이 다음번에도 또 주어질지는 모르겠지만, 적어도 오늘은 그랬다. 지금 내 심장이 뛰고 있는 이 순간이야말로 인생이며, 그 심장을 뛰게 하면서 '오늘밤은 더할 나위 없는 시간을 보냈어'라고 느낄 수 있다면, 그걸로 족하다.

순간이라는 아주 작은 알갱이를 하나씩 하나씩 주우면서 살아가야 한다.

그렇게 생각하면, 인연이 끊긴 예전 친구들과의 관계 또한 완전히 소멸했다고 여기지 않을 수 있다. 한때 서로가 서로의 친구라는 지위를 차지하고 있다는 확인을 주고받았음에도 그후 어느 한쪽의 태도가 변해버렸다고 해서 그때까지 있었던 것이 전부 사라지지는 않는다. 내게도 그런 사람들이 있다.

분명 그 친구들은 지금 내 마음속에 베스트 프렌드 자리에 있지는 않지만, 당시 내가 그녀들에게 많은 것들을 배웠고, 그녀들의 말이 20대의 내게 힘을 주었다는 사실에는 변함이 없다. 그 모든 것들은 내 안에서 지금도 살아 숨쉬고 있다. 내 재산이다. 그것만을 소중히 간직하면 된다.

'커뮤니케이션 능력'이란 무엇일까?

아이였을 때 아버지가 한 말로 나는 오랫동안 고통받았다.

부모님에게 나는 굉장히 다루기 어려운 아이였다. 쉬는 날 놀이동산에 가서 다 함께 신나게 논 줄 알았더니, 집으로 돌아가는 차 안에서 갑자기 기분이 나빠져서는 떼를 쓰기 시작하여 부모님을 당황하게 만들기 일쑤였다. 그럴 때 아버지는 곧잘 "오늘 하루가 물거품이 됐네"라 말하곤 했다. 나는 어린 마음에도 그 말을 매우 강한 죄책감과 함께 받아들였다.

하지만 곰곰 생각해보면, 그런 일로 하루가 정말 물거품이 될까? 분명 집으로 돌아가는 차 안에서 내 기분이 나빠진 데 대해 부모 입장에서야 무척 기분이 나쁘다는 건 이해한다. 다만 그렇다고 해서 그날 보낸 즐거웠던 시간도 깡그리 사라지고 마는 걸까? 아니, 그럴 리는 없다. 사라지지 않는다.

그러나 아버지는 그렇게 생각하는 사람이었다. 나는 아버지의 그런 사고방식이 견디기 힘들었다. 그런 식으로 따진다면 완벽한 사람만 행복해질 수 있다는 이야기 아닌가.

이런 일도 있었다. 한때 무척 사이좋게 지냈던 사람에게서 당최 동일인물이라고는 믿기 힘든 메일을 받고 이걸 어떻게 이해해야 좋을지 고민한 적이 있다. 이런 메일을 받았다는 사실로 그 사람과 쌓아온 지금까지의 관계 전부가 물거품으로 돌아간다고 여기다가는 머지않아 내 인생을 뒤돌아보면 온통 황량한 사막이겠구나 싶었다.

선택하지 않은 인생은 잊어도 좋다

인간관계를 영속하는 하나의 선이라고 생각한다면, 그 선이 끊어질 경우 그걸로 끝이다. 하지만 사람과 사람은 계속해서 변하는 존재다. 만일 단 하나의 실패나 문제도 없는 관계에만 가치를 둔다면, 인생을 돌이켜봤을 때 아무것도 남아 있지 않을 것이다. 죽을 때까지 아름답게 이어지는 관계란 거의 없다.

그러니 끊긴 채로 간직하고 있으면 된다. 없는 것보다는 있는 게 넉넉하니까.

앞서 말한, 내게 그런 메일을 보낸 그녀의 경우도 분명 어떤 사정이 있어서 도저히 나와 웃으며 이야기할 기분이 아니었을지 모른다. 그건 무척 유감스러운 일이지만, 그렇다고 해서 한때 함께 바다를 바라보며 무척 행복해했던 그날의 기억도 거짓이 되는 걸까? 고작 하나의 삐걱거림이나 실패가 수많은 따뜻한 기억들을 물거품으로 만든다는 생각은 하고 싶지 않다. 그건 누구도 행복하게 하지 않는 사고방식이다. 그러니 그런 식으로 생각하는 건 그만하기로 했다.

시시비비를 가리는 걸로 관계를 정의하면 얻는 것은 많아진다. 어머니와의 관계는 무척 힘들었지만, 즐거운 추억도 있다. 이를테면 어머니는 내게 결코 "어떤 상황에서든 남자가 하는 말을 들으렴" 같은 말은 하지 않았고, 결과적으로 내 커리어에 플러스 요소로 작용했다. 어머니 또한 많은 것을 내게 준 것이다.

친구가 '되는' 게 아니라, 친구라고 '느끼는' 것이다.
'느끼는' 것의 연속인 셈이다.

'기술적인 뛰어남'이
전부는 아니다

면접을 통과할 기술은 어느 정도 필요하다.
하지만 그 기술을 잘 구사하는 것과,
자신의 인간적 가치는 별개임을 부디 알아두시기를.

요즘 세상에는 '다른 사람과 잘 소통하지 못하는 인간은 틀려먹었다'라는 메시지가 넘쳐난다. 입사 면접 매뉴얼이 실로 안성맞춤인 예인데, 이렇게 물으면 이렇게 대답해야 하고, 저렇게 물었을 때 저렇게 대답하는 사람이 유능한 사람이고, 제대로 말하지 못하는 사람은 인간적 매력이 없다는 식이다. 커뮤니케이션에 서투르면 인간으로서의 가치도 낮아 보인다는 종류의 메시지가 정말 많다. 인기를 끄는 대화 기술, 상대에게 먹히는 대화 기술, 사랑받는 대화 기술 등도 마찬가지다.

하지만 커뮤니케이션은 정작 그렇게 간단하지 않다. 눈앞에

'커뮤니케이션 능력'이란 무엇일까?

있는 여러 버튼 가운데 하나를 누르면 상대가 OK 사인을 보내는 식의 그런 단순한 것이 아니다.

다른 사람을 좋아하게 되거나 이 일은 왠지 괜찮을 것 같다고 생각하는 건 평범하게 대화를 나누는 가운데 상대와의 느낌이 맞아떨어졌을 때의 일이다. 하나부터 열까지 이쪽이 원하는 완벽한 대답이 나왔기 때문에 '옳거니!' 할 리는 없는 것이다.

그런데도 내가 정작 남들 앞에 나설 때는 빈틈없는, 세련된, 완성된 문장을 구사하지 못하여 변변찮은 인간이라 여겨지지는 않을까 불안해진다.

설령 이야기가 세련되지 않았어도, 조금 어설픈 부분이 있다 할지라도 그걸 들으며 '이 사람 왠지 매력적인데' 또는 '지금 이야기의 이 대목이 굉장히 재미있었어' 같은 생각을 하며 나의 좋은 면을 발견해주는 수많은 이들이 있다.

누가 보아도 완벽하게 재미있고 솔깃한 이야기를 하지 않아도, 스스로 하고자 하는 이야기를 상대가 알아듣기 쉽도록 친절하게 전한다면 당신의 매력은 반드시 전해진다.

그걸 발견할 수 있는 사람과 발견하지 못하는 사람이 있을 뿐이다. 후자는 애당초 보고 싶은 것만 보고 듣고 싶은 말만 듣는다. 생각지도 못한 만남 같은 건 털끝만큼도 바라지 않는다.

하지만 언뜻 아무것도 아닌 것 같은데 그 속에서 재미있는 무엇을 발견하거나, 다른 사람에게는 무척 익숙한 것 사이에서 내 나름의 새로운 관점을 발견하는 일은 즐겁다. 그것이 뇌가 선사하는 쾌락이며 축복이 아닐까. 그러한 뇌를 가진 사람은 반드시 있다.

보고 싶은 것만 보는 뇌를 가진 사람에게 먹히는 대화라는 것이 필요한 순간도 물론 있다. 필요한 때 그 기술을 구사하는 게 잘못된 일은 아니지만, 그게 전부라고 생각하다가는 인간관계를 잘못 이해하고, 다른 사람과 이야기하기가 고달파지고 만다.

다른 사람과 사귈 때 필요한 것은 관찰력이다. 화술이 아니다. 하지만 제한된 시간 안에 효율 좋게 이야기하는 기술이 필요할 때도 있다.

이를테면 입사 면접도 그렇다.

면접을 통과할 기술은 어느 정도 필요하다. 하지만 그 기술을 잘 구사하는 것과, 자신의 인간적 가치는 별개임을 부디 알아두시기를.

면접을 통과하는 기술이 부족했다고 해서, 스스로의 존재와 영혼에 가치가 없다고 생각할 필요는 없다. 기술적 실패와 스스로의 존재 자체를 동일시하여 묶어버리는 건 대단히 위험한 일이다.

'타인과 제대로 대화하지 못하는 인간은 틀려먹은 인간이다'라는 메시지에 계속해서 노출되다보면 그걸 곧이듣게 되는 마음도 모를 바는 아니다. 그러나 실제로 그렇지는 않다. 애당초 우리 모두가 불완전한 존재이고, 누구나 왜곡되어 있으니까.

다만 입사 시험을 치를 때는 면접이라는 단계를 설정하고 대화를 하면서 함께 일할지 여부를 선별한다는 전제가 깔려 있다.

면접에서의 대화에 맞는 사람이 있고 그렇지 않은 사람이 있다고는 생각한다. 만일 면접이 고역이라면, 면접에 맞지 않는다고 생각하면 그만이다. 일하는 데 적합하지 않다거나 사는 데 어울리지 않는다며 고민하지 말기 바란다. 스스로의 존재 자체가 남들보다 지극히 뒤떨어져서 무가치하다고 생각하지 않았으면 좋겠다.

생각한 것을 솔직하게, 정중하게, 친절하게. 그것이 면접에서의 핵심이다. 점차 익숙해지기도 한다. 대화 기술에 뛰어난가 여부만 놓고 걱정하지 말자.

다른 사람과 사귈 때 필요한 것은 관찰력이다.

화술이 아니다.

스스로를 옭아매는 것은
누구에게나 있다

'그림 같은 인생이어야 가치가 있다'는
믿음은 사람을 행복하게 해주지 않는다.

어느 하나의 커뮤니케이션 양식에
맞지 않았다고 해서 나라는 인간은 누구도 필요로 하지 않는다
고 생각하는 건 한쪽으로 치우친 잘못된 사고방식이다.

하지만 그렇게 생각하지 않을 수 없는 일이 세상에는 적잖게
일어나는 것 같다.

예를 들어 '제대로 된 회사에 들어가지 못하면 말짱한 인간이
아니다'라는 말을 어릴 때부터 듣고 살아온 경우, 부모나 본인이
'제대로 된' 회사라 생각하는 곳에 입사하지 못한 사람은 인간성
자체가 뒤떨어져 있다고 여겨지게 된다. 그래서 '제대로 된 회
사'의 면접에서 실패한 나는 인간적으로도 가치가 없다고 여기

고 만다.

하지만 대전제로 작용하는 '제대로 된 회사에 들어가지 못하는 인간은 말짱한 인간이 아니다'라는 문장을 음미해보면, 먼저 '제대로 된'이라는 표현이 무얼 뜻하는지 뚜렷하지 않아 애매하게 다가온다. '말짱한'도 마찬가지다. 그 분명하지 않은, 잘 알 수 없는 것들로 규정되어 있는 말에 옥죄이고 있을 뿐이다.

이와 같은 애매한 말은 사람을 옭아매는 힘을 지니고 있다. 그런 일이 세상에는 잔뜩 있다.

이를테면 다른 사람이 원하는 나, 다른 사람이 부러워하는 나여야 인정받을 수 있다는 믿음. '풍요로운 인생', '행복한 결혼', '제대로 된 회사' 같은 막연한 이미지를 따라야 한다고 믿으며, 이를 바탕으로 인생을 구축하려 하기 때문에 고통스러워진다.

나 또한 그걸 꽤나 진지하게 받아들여 쓰라린 경험을 했고, 다른 사람에게도 상처를 줬다.

거슬러올라가보면, 어머니가 말하곤 했던 '평범한 집안'이란 게 그랬다.

"왜 우리는 평범한 집안이 아닐까?", "어째서 게이코는 이렇게 반항만 하려 드니. 서로 소리만 지르고…… 우리는 평범한 집안이 될 수는 없을까?" 하면서.

그때 나는 "그런 집안 따위 존재하지 않아" 같은 말로 맞받아쳤다. "엄마, 평범한 집안이 대체 어디에 있는데? 어디 있는지 알면 나한테도 좀 보여줘. 뭐가 평범한 집안이라는 건지 정해져 있는 것도 아니잖아?"라고 반론을 제기했다.

당시 어머니의 입버릇이었던 '평범한 집안'이란 무엇이었을까?

어머니도 알지는 못했을 것이다. 애니메이션이나 드라마에 등장하는 화목한 가족을 그린 이미지였을지도 모르겠다. 본인이 '제대로 된' 또는 '행복한'이라 생각하는 것은 구체적으로 어떠한 것인지, 그것은 어디에서 비롯되었을지 생각해보면, 부모나 친구에게 주입당했을 수도 있고 잡지나 텔레비전에서 받은 영향 등일 수도 있다. 실제로는 너무나 막연한 것에 어지간히 휘둘리고 있었음을 깨달을지도 모른다.

나도 질리도록 잡지를 읽고 텔레비전에 열중하며 그림 같은 삶들을 소비해왔다. 그림 같은 것을 소비하고 있는 이상, 나도 그림 같은 삶을 살아야 한다고 생각하게 되는 건 자연스러운 일이다.

하지만 '그림 같은 인생이어야 가치가 있다'는 믿음은 사람을 행복하게 해주지 않는다. 그림 같은, 그러니까 타인이 보기에 멋진 내가 되고 싶어하는 것은 타인이 내 가치를 매기게 하는 것. 타인이 원하고 또 동경하는 내가 아니면 불안해서 견딜 수가 없는 것이다.

패션 잡지의 독자 모델을 볼 때 이따금씩 받곤 하는 절박한 느낌은 그런 감정이 드러나 있어서일지도 모르겠다. 나를 봐주길, 인정해주길, 원해주길 바라는, 그런.

남들 앞에 나서는 일은 특히 그 갈증이 강한 사람이 하는 법이지만, 일로 택한 이상 스스로의 욕망과는 거리를 두어야 한다. 나를 사랑해달라는 마음만으로는 도저히 계속할 수 없기 때문이다.

나는 때마침 불안장애 치료를 통해 카운슬러와 만나서, 내가 그 '그림 같은 인생'에 옥죄어 있을 뿐이라는 사실을 깨달았다.

하지만 그런 걸 깨닫는 계기는 친구일 수도 있고, 한 권의 책이 될 수도 있다. 스스로를 옭아매는 것에서 자유로워질 기회는 도처에 있다.

관점을 바꾸면
세계가 바뀐다

관점을 바꿀 아주 작은 계기가
이 세상에 넘쳐나면 좋을 텐데.

나는 어릴 적부터 학교에서 눈물 쏙 빠지게 야단맞는 일을 저질렀을 때도 '잠깐만, 이게 만일 〈사자에상(サザエさん)〉* 속 상황이라면, 가쓰오나 와카메가 이 정도의 일을 저질렀을 때는 엄청 유쾌하고 즐거운 이야기가 되잖아? 그럼 내가 지금 내 존재 자체를 눈물나게 부정당하고, 마치 세상이 끝나기라도 한 양 지독하게 상처받은 이 일도, 사자에상식으로 말하자면 어느 날 가쓰오가 저지른 일들 중 하나일 뿐인지도 몰라' 하는 생각을 자주 했다. 좀처럼 제대로 풀리지는 않았지만, 다르게 생각해보려는 도전은 했었다.

'이런 관점도 있다'며 시선을 바꾸어보는 일은 무척 중요하다.

선택하지 않은 인생은 잊어도 좋다

그렇게 할 수 없다면 인간은 궁지에 몰리고 만다.

지인 중 하나가 자살로 생을 마감했다. 나 또한 한때는 불안 장애에 시달리다 그만 죽으려고 생각한 적이 있었다. 어째서 그녀는 죽었는지, 나는 죽지 않았는지 생각하곤 한다. 어쩌면 아주 사소한 일을 계기로 그녀는 죽지 않아도 됐을지 모른다. 만일 그렇다면, 관점을 바꿀 아주 작은 계기가 이 세상에 넘쳐나면 좋을 텐데.

그런 생각을 하고 있었던 까닭에, 자살 방지 활동을 하는 NPO 법인인 '라이프 링크'의 시미즈 야스유키(清水康之)와 문화인류학자인 우에다 노리유키(上田紀之)의 대담집 『'자살사회'에서 '살맛나는 사회'로』라는 책을 라디오에서 소개하기도 했다.

어느 남자 가수가 라디오 프로그램에서 했던 다음과 같은 이야기도 소개했다.

소학생이던 무렵에 그는 함께 축구를 하지 않았다는 이유만으로 다음날부터 친구들에게 무시당했다. 그 일로 절망한 후 목을 매서 죽으려는 생각에, 줄넘기용 줄을 사러 문방구에 갔다고 한다. 하지만 결국 목을 맬 수가 없었고, 다음날 학교에 갔더니 친구가 아무 일도 없었다는 듯 대했기 때문에 안 죽길 잘했다고 생각했다는 이야기다.

그걸 들은 누군가가 웃음을 터뜨렸다. "그 정도 일로 자살하려 하다니, 바보 아냐? 어리광 부리기는……", "어른이, 너 고작 그런 걸 가지고 죽으려고 하다니 멍청하구나 하고 웃어주는 게 아이들한텐 격려가 된다"고도 했다.

나는 강한 위화감을 느꼈다. 분명 가까운 어른이 "그런 일로 죽으려 하다니, 바보로구나"라고 말함으로써 마음을 돌리는 일이 있을지도 모른다. 하지만 한 소년이 죽으려고 진지하게 벼르다가 줄넘기용 줄을 사러 가서 포기하고, 다음날에 '아아, 안 죽길 다행이다'라고 느낀 것 자체를 웃음으로 받아치는 행동은 좋게 보이지 않는다. 그건 옳지 않다.

죽으려고 하는 이유도, 살아 있어 다행이라고 생각하는 이유도 다른 사람이 봤을 때는 별것 아닐지도 모른다. 하지만 별것 아닌 일로 사람은 죽으려고 하고, 별것 아닌 일로 살아갈 수 있다. 그렇다면 그 별것 아닌 일을 나는 소중하게 여기고 싶다.

모든 사람이 납득할 만한 대단한 이유가 없다면 '죽자'고 벼르는 일조차 허락되지 못하고, '살아 있어 다행이다'라고 생각하는 일도 허락되지 않는다면, 도대체 살아 있어서 좋은 건 누구일까? 그렇게 이야기하는 당신의 인생은 얼마나 대단한 인생이란 말인가? 이런 말이 턱밑까지 차오른다.

이 세상에서 가장 불행하며 가장 궁지에 몰려 있어서, 모든 사람이 자기 자신보다 불행하다고 여기는 인간만 죽어야 하고, 가장 심하게 괴롭힘을 당한 인간만 살아 있는 기쁨을 논해야 하는가? 여기에 당신도 포함된다. 그걸로 족한가? 나는 그렇게 묻

선택하지 않은 인생은 잊어도 좋다

고 싶다.

나는 다른 사람이 봤을 때 별것 아닌 이유로 매사를 판단하고 결정해도 된다고 생각한다. 별것 아닌 이유로 화내도 좋으며, 별것 아닌 이유로 인생을 찬미해도 좋다고 생각한다.

분명 어른 입장에서 본다면 하잘것없는 일일지도 모른다. 하지만 소년에게는 절실한 문제였다. 그걸 두고 "바보 아냐?"라는 말을 내뱉는 행위는 나로서는 절대 용납할 수 없다. 타인의 기쁨과 아픔에 값을 매기다니, 얼마나 천박하며 오만한 인간인가 싶었다.

외톨이 상태에서 혼자 생각에 생각을 거듭하다보면, 사람은 죽는 길을 택한다. 궁지에 몰려 있을 때, 문득 관점을 바꿀 수 있는 기회를 늘리는 일이 중요하다.

이는 텔레비전과 라디오가 담당해야 할 역할이기도 하다고 생각한다. 하지만 유감스럽게도 그 반대의 메시지를 내보내는 일이 많은 것도 사실이다. 잘나가는 인생에만 의미가 있고, 그림 같은 행복이 아니면 원치 않으며, 이야깃거리가 되지 않는 슬픔 따위 시시하다는 식의.

타인이 보기에 완벽한 인생이어야 의미가 있다고 믿는다면, 대화는 스스로를 포함한 모든 인간에게 '너 같은 건 가치가 없어', '누구도 너 따위는 원하지 않아' 하며 지적질을 하기 위한 수단으로 전락한다. 커뮤니케이션 능력은 훈수 두는 힘을 가리키

'커뮤니케이션 능력'이란 무엇일까?

지 않는다. '불완전한 나와 당신이 대체 어떻게 하면 이 세상에서 버려진 존재가 아니라고 여기며 함께 살아갈 수 있을까'라는 물음을 던지며, 포기하지 않고 고민하는 힘을 뜻하는 것이다.

★ 동명의 만화가 원작인 텔레비전 애니메이션으로, 1969년부터 매주 일요일 저녁에 방영되고 있다. 사자에를 중심으로 하는 가족 3대의 소소한 일상을 그리고 있으며, 가쓰오와 와카메는 사자에의 어린 동생들이다.

선택하지 않은 인생은 잊어도 좋다

'그림 같은 인생'은 없다

언제나 지금 갖고 있지 않은 것을 추구하기보다
매일 수중에 있는 것과 함께 살아가기.

'그림 같아야 가치가 있다'는 식의
세뇌는 인간을 몰아붙인다.

그러면 '그림 같다'는 것은 대체 무엇일까. 앞서 이야기했듯이
보고 싶어하는 욕망이 오가는 현장인 미디어 속에서 가장 상품
화하기 쉬운 이미지가 제공되었을 때, 그것은 실로 '그림 같은'
것으로 탈바꿈한다.

예를 들어 육아도 그러한데, 텔레비전 화면에 비치는 것은 멋
지게 차려입은 엄마와 육아에 협조적인 멋쟁이 아빠와 귀여운
아이. 청소도 정리정돈도 구석구석 완벽하게 되어 있는 집에서
세 사람이 사이좋게 식사를 하고 있다. 엄마가 아이를 야단칠

때도 이성적으로 타이르며, 아이도 잘 알아듣는다.

하지만 일반적으로 실제 생활은 그다지 아름답지 않다. 아이는 똑같은 말을 100번 한들 조금도 듣지 않는 게 다반사다. 대부분의 남편은 육아에 적극적으로 협력해주지 않는데다 스타일도 별로다. 전혀 그림 같지 않다.

현실이 이러하니 좀더 행복한 그림처럼 보여야 한다며 모두가 필사적으로 움직인다. 남편을 이케단(잘 나가는, 스타일리시한 남편이라는 의미. 여성지 『VERY』에서 탄생한 조어)처럼 꾸며본다든가, 아이가 학교에서 무시당하지 않도록 근사한 슬리퍼를 사주려고 한다든가.

학교에서 그런 슬리퍼를 신고 있어봤자, 누구도 눈여겨보지 않을 것이다. 스스로는 이걸로 됐다고 생각해도 아는 사람이 봤을 땐 굉장히 촌스러워 보이지 않을까, 또는 스스로 큰 실수를 저지른 건 아닐까 하고 저마다 마음 한구석에서 불안을 느끼고 있을지도 모른다.

그 강박관념은 이를테면 '보이지 않는 곳의 더러움'과 동일한 것 같다. '보이지 않는 곳에 곰팡이가 피어 있다'고 듣기 전까지는 그런 곳에 곰팡이가 피어 있다는 걸 눈치채지도 못했거니와 생각해본 적도 없었다. 한데 '곰팡이가 피어 있다'고 들은 순간, 분명 우리집 세탁조 뒤쪽도 더러워져서 새까맣게 변해버렸으리라는 생각에 사로잡혀서는 세탁조 전용 세제를 사러 달려간다.

그리고 실제로 세탁조 청소를 했다 한들 곰팡이가 박멸되었을지는 알 수 없는 일이다. 확인할 길도 없건만, 필시 제거되었으리라고 믿고는 조금 안심한다.

여기서 분명한 것은 더러워졌을지도 모른다는 불안을 끌어안고, 그 더러움이 제거된 것 같다고 안심한다는 사실. 그러한 일들에 지나치게 과민해지면 텔레비전이나 잡지의 정보에 휘둘려서, 스스로는 행복하다고 생각해도 어딘가 놓치고 있는 부분이 있지는 않은지, 실제로는 타인에게 꼴불견인 부분을 노출하고 있지는 않은지 등 여러 가지가 신경쓰여 견딜 수 없게 된다.

그 불안을 전부 세제로 씻어낼 수 있기라도 한 것처럼 필사적으로 가다듬으려는 마음도 모를 바는 아니나, 애당초 완벽한 인간은 어디에도 없다. 누구든 어딘가 모자라는 부분이 있기 마련이다.

그러한 것들을 신경쓰며 살아가기보다는 나 스스로 이 세상은 아직 살 만하다고, 살아 있어 즐겁다고 여길 수 있는 순간을 얼마나 누리고 있는가를 헤아리는 데 에너지를 쓰는 편이 훨씬 좋다고 본다.

'이 세상은 아직 살 만하다'고 여길 수 있는 순간은 이미 스스로가 가지고 있는 것들 속에 수두룩하게 존재한다. 이를테면 가게들이 즐비한 거리를 아이와 함께 걸으면서 본 석양이 예쁘다고 느끼는 순간일 수도 있고, 남편이 아무렇지도 않게 흘린 한

'커뮤니케이션 능력'이란 무엇일까?

마디에 구원받는 순간일 수도 있다. '이 세상은 아직 살 만하다'
란 '이곳에 태어나서 다행이다'라고 생각하는 것이다. '1년 수입
이 지금보다 얼마 더 많아지면 우리는 좀더 행복해질 거야'라고
생각할 것인가, '우리는 1년 수입이 이것밖에는 안 되지만 가족
과 함께 있으면 즐거워'라고 생각할 것인가. 어느 쪽을 보면서
살고자 하는가에 관한 것이다. 언제나 지금 갖고 있지 않은 것
을 추구하기보다, 매일 수중에 있는 것과 함께 살아가기. 그러
한 인생은 인간을 여유롭게 만든다.

선택하지 않은 인생은 잊어도 좋다

'이 세상은 아직 살 만하다'라고 여길 수 있는 순간은

이미 스스로가 가지고 있는 것들 속에 수두룩하게 존재한다.

내 느낌을
소중히 여기자

스스로의 감정을 솔직하게 담아 표현하기란
어른에게도 상당히 용기가 필요한 일이다.

세상 돌아가는 일의 옳고 그름을 논하는 인간은 지혜로운 반면, 좋고 싫음을 말하는 인간은 아직 어리다고 여겨지기 십상이나, 그렇지는 않다.

멍청하다는 소리를 듣든, 취미가 나쁘다는 이야기를 듣든 굴하지 않고 무엇이 좋고 싫은지를 분명하게 드러내는 인간이, 스스로가 느낀 것을 홀대한 채 평론가연하며 옳고 그름을 논하는 인간에 비해 훨씬 용기 있으며 창조적이라고 나는 생각한다.

내 아들도 느낌을 소중히 여기길 바란다.

그런 생각에 요즘 나는 아들과 대화를 나누며 열심히 실험을 하는 중이다.

아들이 무엇인가를 느꼈다면 "그렇게 느꼈구나"라며 인정부터 한다. "그런 식으로 느끼는 건 이상해", "그건 아니지"라는 말은 하지 않는다. 이와 반대로 아들이 남의 생각인 듯한 말을 했을 때는 "그렇지 않아"라며 확실하게 일러준다.

구체적 사례를 들자면 3·11 대지진이 있은 후 노다(野田) 내각이 출범하자, 마이니치소학교신문(毎日小学校新聞)이 '총리에게 편지를 쓰자'는 기획을 펼쳤다. 그 광고를 본 아들이 "내가 편지를 쓴다면 '풍요로운 일본을 되돌려주세요'라고 쓸래"라고 말하는 거다.

그 말을 듣자마자 나는 "잠깐만" 하며 아들에게 물었다. "평소에도 그런 생각은 하지 않잖아? '풍요로운 일본'이라니, 그건 무슨 뜻이야?"라며 추궁하자 "학교에서 다들 그렇게 말해"라는 답을 한다. 정말이지 교과서에 실려 있음직한 표현이다.

"네가 정말 걱정하는 건 뭐야?"라고 물으니, "내 짝이 남자앤데, 걔 할머니가 오후나토(大船渡)에 있다가 피해를 입어서 걔가 매주 오후나토에 가거든. 근데 지진이 또 일어나서 걔가 쓰나미에 휩쓸리기라도 하면 어쩌나 걱정이야. 걔네 할머니도 불쌍하고, 할머니 아는 사람의 집이 떠내려가서 그것도 불쌍해"라고 한다.

그것이 아들의 진짜 느낌이다.

"그게 네 의견이야. '풍요로운 일본' 같은 표현을 쓰려고 할 때보다 네 마음이 훨씬 잘 느껴졌어"라고 말해주었다.

예전에 '1/2 성인식'이라는 것을 취재한 적이 있다. 열 살이 된 아이가 그때까지의 인생에 감사하고 앞으로의 꿈을 이야기하는 이벤트다. 가만히 복도에 서서 바라보고 있으려니, 걱정이 들 정도로 하나같이 눈치가 빠른 아이들이었다.

"저는 가족 덕분에 태어났다고 생각합니다. 어머니는 저를 낳으실 때 굉장히 힘드셨다고 해요. 저를 낳아주셔서 다행이라고 생각합니다. 그리고 이제부터 모든 사람이 꿈을 이룰 수 있는 사회가 됐으면 좋겠습니다" 등등.

아무리 봐도 어른이 기뻐할 듯한 근사한 내용 일색이지만, 이 아이의 느낌은 그다지 전해지지 않았다.

지금까지의 인생에 감사하고 싶다면, 무엇을 할 때 가장 즐거운지를 써보는 정도로 충분한 것 같다.

"저는 레고를 할 때가 가장 신나요. 나중에 순경 아저씨가 되고 싶어요."

감동적인 문장으로 표현하지 않아도, 아이의 기쁨과 희망은 충분히 전해진다.

왜 "고마움에 대한 글짓기를 합시다"인 것일까. 어른이 감동하고 싶어서? 감사장을 쓰는 건 결코 잘못된 일은 아니지만, 마음 한구석이 왠지 개운하지 않았다.

그럴듯하게 말해야 현명하다는 가르침은 처세에는 다소 도움을 주지만, 타인과의 관계를 풍성하게 만드는 데는 도움이 되지 않는다. 스스로의 감정을 솔직하게 담아 표현하기란 어른에게도 상당히 용기가 필요한 일이니까.

멍청하다는 소리를 듣든, 취미가 나쁘다는 이야기를 듣든

굴하지 않고 무엇이 좋고 싫은지를 분명하게 드러내는 인간이,

스스로가 느낀 것을 홀대한 채 평론가연하며 옳고 그름을

논하는 인간에 비해 훨씬 용기 있으며 창조적이다.

좋고 싫음을 말할
용기를 가지자!

시키는 대로 매사를 받아들이고 마는
인간을 양산하면 명령하는
사람만이 이득을 보게 된다.

인생이나 세상을 논할 때, 현명해 보이는 말은 필요하지 않다. 나와 나의 소중한 사람이 즐겁다고 느끼는 것들이 많고, 무서운 일을 겪지 않는 사회. '이래야 한다'가 아니라 '이렇게 하고 싶다'고 말하는 것이 가장 설득력 있다.

그럼 원자력발전에 대해 생각해보자. 필요하다는 입장인가, 필요하지 않다는 입장인가? 우리집 정원에는 필요하지 않지만, 나라를 위해서라면……? 이런 식으로 고민하는 사람도 있을 것이다. 전기가 없으면 곤란하다. 하지만 원자력발전은 싫다. 자, 그럼 어떻게 하지? 원자력발전뿐만 아니라, 모쪼록 그와 같은 모순을 고민하자. 누구든 금세 납득할 만한 답을 낼 수 없다 해

'커뮤니케이션 능력'이란 무엇일까?

도, 스스로는 어떻게 하고자 하는가에 대해 흔들리지 말고 고민하자.

높은 지위에 있는 사람들은 그런 고민을 품고 있으면서도 결단을 내려야 하는 존재다. 아니, 좀더 솔직하게 말하자면, 부디 언제나 그 고민을 품고 있기를 바란다.

타협점이 보이지 않는 상황과 대치하며, 자신의 한마디에 수많은 사람들의 생명이 좌우될지 모르는 중책을 떠안을 각오가 되어 있는 사람이 리더이길 바란다.

개중에는 그러한 고민이나 책임 등을 조금도 이해하지 못하고서 그저 사회적으로 높은 지위에 오르고 싶은 욕망에 견인당하는 사람도 있을 것이다. 리스크에서 가장 먼 안전구역에 있는 사람들이 엘리트로, 무슨 짓을 해서든 그 기득권에 매달려 가장 안전하고도 바람직한 장소에서 인생을 구가하려는 사람들이다.

자신의 말 한마디로 타인이 죽을지도 모른다는 사실을 받아들일 수 있다면, 엘리트를 목표로 하면 된다. 그것이 엘리트 본래의 모습이라고 생각한다.

자신의 말 한마디로 타인이 죽을지도 모른다는 사실을 받아들이기 위해서는, 역시 느낄 줄 알아야 한다. 사는 기쁨과 잃는 슬픔을 알고 있으면서, 타인의 아픔을 상상할 힘이 있어야 한다.

"뭐 어때, 누가 죽었다 한들 인류를 위해서잖아"라는 말을 할 수 있는 사람은, 아무렇지도 않게 사람을 죽인다. 자기 자신은

선택하지 않은 인생은 잊어도 좋다

죽지 않는다고 생각하는 것이다.

느끼는 일이 중요하다는 교육을 철저히 하지 않는 이상, 인간은 죽어가는 타인을 아무렇지도 않게 내버려둔다. 아이들이 당위론이 아니라 좋고 싫음을 말할 용기를 가졌으면 좋겠다. 그리고 우리 어른들도 마찬가지다. 그것은 피가 흐르는 언어를 가진 리더를 길러내기 위해 필요한 일이다.

좋고 싫음으로 매사를 결정하면 제멋대로라는 소리를 듣는다.

이를테면 회사원은 이동 명령이 내려졌을 때 그에 따라야 한다. 분명 그렇기는 한데, '싫다'는 마음이 들어도, 싫지만 일은 해야 한다. 그렇다면 무엇을 위해서 하는가. 그러한 고민 덕분에 인간은 생각하는 습관이 붙는 것이다.

그저 반사적으로, 시키는 대로 매사를 받아들이고 마는 인간을 양산하면 명령하는 사람만이 이득을 보게 되는 것이 아닐까.

스스로의 욕망과 신념 같은 건 원래부터 없었던 양, 처신하는 데 가장 유리할 듯한 사고방식을 순순히 받아들일 수 있는 인간이야말로 세련되었다는 식의 세뇌는 인간에게 아무것도 생각하지 말라는 것과 같다.

주관을 말하면 어른스럽지 않다니, 그건 생각하기를 포기한 겁쟁이의 변명이다.

요즘은 SNS에 접속한 후 익명으로 발언할 수 있는 공간에서

'커뮤니케이션 능력'이란 무엇일까?

'너는 몰라' 또는 '이런 일로 고민하는 건 멍청해'라고 타인에게 훈수질을 한다.

그걸 지성이라 여기고 있는 것이다. 그런 사람을 보면 당사자는 지금까지 스스로의 기쁨이나 슬픔을 얼마나 소홀히 취급당하며 살았을까 싶다. 이 사람이 눈물을 흘렸을 때, 그걸 보며 웃은 사람이 있다. 이 사람이 기뻐했을 때, 그걸 보며 바보 취급한 사람이 있다.

그 설움을 SNS에서 해소하고 있는지도 모른다.

사는 기쁨과 잃는 슬픔을 알고 있으면서,

타인의 아픔을 상상할 힘이 있어야 한다.

일은 해낸
사람의 것

지금 있는 곳에서 주어진 일에 최선을 다하면 된다.
어째서 내가 지금 여기에 있는가, 그 이유는 중요하지 않다.

텔레비전 세계에서 일하기 시작한
지 18년이 되었는데, 그중 15년 동안은 아나운서로 지냈기 때문
에 방송인 경력만 놓고 보자면 아직 3년이다. 같은 직장을 다른
입장에서 바라볼 수 있게 된 건 좋은 경험이라 여기고 있다.

방송인이 되고 나니, 아나운서란 같은 텔레비전 화면 속에 있
어도 어딘가 특별 취급을 받는 존재라는 점을 느꼈다. 나 자신
이 방송국 아나운서였던 시절에는 알지 못했던 것이, 회사원이
길 그만두고서야 비로소 보이기 시작했다.

방송인은 방송국 아나운서같이 보호받는 입장에서 특혜를 누
리고 있음을 드러내며 쉽게 마이크를 잡는 게 아니라, 누가 앉

선택하지 않은 인생은 잊어도 좋다

아도 이상하지 않은 곳에 앉기 위해 굉장한 노력을 기울인다. 오랫동안 최일선에서 일해왔다는 데도 자부심을 갖고 있다.

화면에 나타났다가 사라지는 사람들을 줄곧 지켜보면서 그 속에서 살아왔다. 그만큼의 자부심도 실적도 있는 사람들이다.

방송국 아나운서이던 무렵, 나 또한 엄연히 화면에 나오고 있으면서도 줄곧 열등감을 느꼈다. 마치 내가 깍두기 같았다. 그러면서도 동시에 나는 직함에 의지하지 않는다고, 내가 가진 개인적 재능이 분명히 있다고 이야기하고 싶었다. 그러나 역시 달랐다.

나는 18년 동안 텔레비전에 출연하는 일을 하고는 있지만, 다른 방송인들과 같은 방식으로 일을 시작한 지는 아직 3년밖에 되지 않기 때문에 경험이 적다. 같은 18년이라 생각할 수도 없고, 생각해서도 안 된다. 결코 "우리 텔레비전 데뷔는 같은 해에 했잖아요"라고 우쭐댈 수 없다.

내가 반대 입장에 서 있었다면 "아닌데?"라는 말을 내뱉고 싶을 것 같다. "너는 15년 동안이나 회사가 지켜줬잖아? 나는 내 힘으로 여기에서 살아남았어. 그건 같은 18년이라 해도 전혀 다르지"라고 말이다.

예전에는 방송국 아나운서끼리 "우리가 회사원이긴 해도 일단 카메라가 돌아가면 다른 방송인들과 대등한 입장이잖아"라며 자주 이야기하곤 했다. 자부심도 갖고 있었지만, 역시 현실

'커뮤니케이션 능력'이란 무엇일까?

은 전혀 다르다.

카메라 앞에서 사라져도 월급을 계속 받으며 일하는 사람(방송국 아나운서)과, 한번 카메라 앞에서 사라지면 다음부터는 두 번 다시 텔레비전에 나오지 못하게 될지도 모르는 사람(방송인)은 절대적으로 다르다. "마찬가지잖아"라고 말하는 건 굉장히 무례한 짓이다.

왜 그들이나 내가 다를 바 없다고 생각했는지 되짚어보니, 나는 회사 덕분에 텔레비전에 나올 수 있다는 사실에 왠지 꺼림칙함을 느끼고 있었다는 점, 스스로의 매력으로 텔레비전에 나오는 거라고 주장하고 싶었다는 점을 깨달았다. 결국 "저 사람들이나 우리나 마찬가지잖아"라는 건 그렇게 말하고 싶은 사람들끼리의 대화였다.

회사원인 데서 비롯된 모종의 열등감을 느끼는 한편, 바보 취급 당하고 싶지 않다는 마음도 있었다. 사이좋게 지내고 싶지만 어차피 방송국 아나운서이니 받아들여지지 않으리라는 소심함도 있었다. 뒤틀려 있었던 셈이다.

방송국 아나운서였던 시절에는 텔레비전에 나오는 게 당연하다고 생각했다. "어차피 나는 ○○의 스케줄이 빡빡해서 대타로 투입된 거잖아" 하며 부루퉁한 적도 있었다. 하지만 지금은 누구의 대타라 한들 '텔레비전에 나올 수 있다면 감사한 일!'이라 생각한다.

캐스팅을 할 때는 여러 이유로 교체가 되는 게 당연하다. 어떤 이유로 기용되었는지 연연하는 것은 의미가 없다. 호출받은 후 불려간 곳에서 일을 잘하면 족할 뿐이다. 지금 있는 곳에서 주어진 일에 최선을 다하면 된다. 어째서 내가 지금 여기에 있는가, 그 이유는 중요하지 않다.

다른 일들도 마찬가지다. '나는 사실 영업1부를 희망했는데 동기 중 톱이었던 A가 영업1부로 가는 바람에 내가 영업2부에 온 거야'라고 생각할 수는 있다. 하지만 그런 건 중요하지 않다. 그는 명함을 교환할 때 "그러한 경위로 영업1부에 온 A입니다"라고는 말하지 않을 테니까.

어떠한 사정이 있었다 한들, 누군가의 대타라 한들 상관없다. 오히려 머물 곳이 있어서 다행이다. 여기서 잘해내자고 생각하면 그걸로 충분하다.

하지만 그런 데 연연하기만 하는 사람도 있을 것이다. 언제까지고 "저 녀석, 사실은 영업1부를 희망했는데 동기인 A에게 뺏겼나봐" 하는 말을 들을까 노심초사하기도 한다.

그렇게 생각한들 달리 뾰족한 방법이 있지도 않거니와, 그런 건 업무 내용과는 무관하다며 마음을 고쳐먹는 자세는 회사원의 삶에도 필요하다. 대타조차 되지 못한 사람도 있는 법이니, 일이 있다는 것만으로도 다행인 것이다.

'커뮤니케이션 능력'이란 무엇일까?

선택하지 않은
인생은 잊어도 좋다

'나는 이게 좋아'로 충분하다.
'저것보다 나으니까' 하며 비교하지 않아도 된다.
하지만 그건 상당히 용기가 필요한 일이다.

예전에 이런 일이 있었다.

방송국 아나운서였던 시절에, 이 일을 하면 틀림없이 소속 방송국의 간판 아나운서 중 하나가 될 수 있겠다 싶을 정도로 큰 건에 관한 제안이 들어왔다. 그 이야길 듣고 굉장히 기뻤는데, 어떤 사람에게서 "이건 개인적 의견이지만 말이야, 이 건은 수락하지 않는 게 좋겠어. 너한테 어시스턴트 같은 역할은 어울리지 않는다는 느낌이 들거든. 좀더 나이를 먹은 다음에, 혼자서 메인 자리를 잡는 게 나을 것 같아"라는 말을 듣는 바람에 꽤 망설였다. 내가 뜨뜻미지근한 태도를 취하는 새에 그 일은 다른 사람에게 넘어갔다.

지금 생각하면 그때 '좋았어, 내게 들어온 일이니까 해보자'라며 그 자리에서 수락할걸 그랬다. 설령 '여자 아나운서'답게 그걸로 상승세를 탔다가 훗날 한물간 처지가 된다 해도, 한 번이라도 인기를 얻어봤다면 충분하다고 생각할걸 그랬다. 그때는 만일 여기서 인기를 얻으면 계속해서 히트를 쳐야 할 것이고, 어쩌면 그 이상으로 올라갈 수 없을지도 모른다고 생각했다. 그렇다면 과연 지금 이 제안을 받아들여야 할 것인가를 두고 이리재고 저리 재며 욕심을 너무 부린 탓에 기회를 놓친 것이다.

내 대신 그 일을 맡은 사람이 "나 있잖아, 이번에 이 프로그램을 하게 됐어"라는 말을 했을 때 '아냐. 그건 사실 내게 들어왔던 일이라고. 너는 나보다 우선순위가 아래였으니, 원래 네 일이 아니었어'라고 생각하기도 했다.

하지만 생각해보면 결국 그녀가 하게 되었으니 그 일은 그녀의 일이다. 의뢰가 들어왔지만 받아들이지 않았던 일, 결정하지 않았던 일은 내 일이 아니다. 원래 내 것이었다고 주장하는 데 의미는 없다.

그녀는 당당히 스스로의 일을 했고, 점점 더 그 위치에 걸맞은 재능을 갖추기 시작했다. 그리되고 나니 결국 그 일은 그녀야말로 적임이었다. 그 사실을 깨달은 후 이제 헛된 질투는 버리자고 생각하게 됐다.

그런가 하면 이런 적도 있었다. 원래 어느 인기 아나운서가 맡기로 한 일이 스케줄이 맞지 않아 내게 돌아오자 무척이나 비굴한 마음이 들었다. 스태프들에게 인사할 때도 '어차피 이 사람들은 ○○씨와 하고 싶었는데 고지마가 와버렸다면서 실망하고 있겠지. 하필이면 고지마라니 싫을 거야, 분명' 또는 '잘 부탁드립니다(고지마라서 미안하게 됐어요)'와 같은 뻣뻣한 태도를 취하곤 했다.

하지만 이제 와서 생각해보면 그런 행동은 집어치우고, 주뼛주뼛 말하지 말고, 선배의 덕을 본 것이든 다른 뭐가 됐든 좋은 역할의 일이 들어왔다고 여기며 "감사합니다"라고 말하면 되는 거였다. 기쁘다, 즐겁다, 이런 생각을 하며 일을 하면 그 역할을 해내는 사람이라는 인정을 받을 수 있다. 그런 식으로 생각할 수 있게 됐다.

당연한 이야기이지만, 인생은 한 번뿐이다. 산다는 건 무엇인가를 선택하는 일의 반복이다. 선택하지 않은 인생을 '있었을지도 모를 내 인생'이라는 식으로 생각하지만, 그런 인생은 없다. 그러니 잊으면 그만이다.

나는 뼛속까지 적당주의자라서, 만일 전업주부가 됐다면 전업주부라서 정말 다행이라 말할 것 같다. "여자 아나운서가 되고 싶다는 둥 떠들어대기는 했지만 말이야, 잘 봐봐. 여자 아나운서는 하나같이 불행해지잖아"라든가, 아니면 "예능인들이 괴롭히기나 하고, 서른 살이 넘어도 다른 출연자들에게 고작해야 "제발 그러지 마세요!"라는 말밖에 못하고, 쓰라린 인생이라니까" 따위의 말들을 텔레비전을 보면서 했으리라.

저쪽이 나았을지도 모른다거나 이쪽이 나을지도 모른다는 말은 하는 만큼 부질없다.

20대라면 '아직 내 인생은 어떻게든 될 거야'라는 생각을 하기 때문에 이쪽이든 저쪽이든 원하기 마련이지만, 중년에 접어들면 이제 솔직히 인정하는 수밖에 없는 것들이 하나둘씩 생긴다.

내 인생은 지금 살고 있는 인생 외에 없으니 지금을 받아들이고 지금이 행복한 것이라는 태도를 갖추자. 그리고 자신이 선택하지 않았던 인생을 살고 있는 사람도 부정하지 말 것.

하지만 실제로는 그렇게 하기가 어려운 것 같다. 이래도 되는 걸까, 올바른 선택이었을까 하는 불안을 어떻게든 떨쳐내고자 "전업주부 따위 시시하잖아. 나는 일하는 여자로서의 인생을 선택하길 잘했어"라며 먼저 누군가를 부정부터 하고서 지금의 나를 인정한다. 그러는 편이 마음 편하기 때문이겠다. 그러나 건전한 방법은 아니다. 일부러 누군가를 부정하지 않고, 나는 지금의 인생이라 다행이라고 여기는 편이 평화롭다.

"너무 낙관적이네"라는 말을 들어도 상관없다는 마음가짐을 갖추려면 용기가 필요하다고 생각한다. "세상에, 그런 식으로 살아도 괜찮다고 생각하다니, 너무 낙관적이네"라는 말을 듣고 싶지 않을 때, 사람은 무척이나 소심해진다. "아니요, 행복해요. 저 사람들 같은 인생이 아니어서 다행이에요!"라며 쓸데없는 변명을 늘어놓고 싶어지는 거다.

나는 아들들에게도 이렇게 말한다. "남들에게 어떤 말을 듣든 상관없지? 나는 이게 좋아라고 생각한다면 남들이 촌스럽다고 여겨도 괜찮잖아. 다른 사람의 표정을 보고 내가 좋아하는 걸 포기하기보다 남들이 뭐라 하든 내가 좋아하는 걸 소중하게 여기겠다고 말할 수 있는 쪽이 멋진 거야"라고 말이다. 이유는 '나는 이게 좋아'로 충분하다. '저것보다 나으니까' 하며 비교하지 않아도 된다. 하지만 그건 상당히 용기가 필요한 일이다.

선택하지 않은 인생은 잊어도 좋다

인생은 한 번뿐이다.

산다는 건 무엇인가를 선택하는 일의 반복이다.

선택하지 않은 인생을 '있었을지도 모를 내 인생'이라는 식으로

생각하지만, 그런 인생은 없다. 그러니 잊으면 그만이다.

험담은 하는 것보다
듣는 게 낫다

악의와 조금의 인연도 없는 인간은 있을 리 없지만,
그렇다 하더라도 나는 험담을 하는
쪽보다 듣는 쪽을 택하겠다.

나는 겁쟁이다. 속으로 삭이는 일,
누군가를 미워하는 일을 오래 견디지 못한다. 타인의 악의에 대
해서도, 내 악의에 대해서도 내성이 약하기 때문에 악의를 일찍
제거하고서 얼른 편해지고 싶다. 싸움이나 경쟁이 너무 싫다.
그런 까닭에 빨리 해결하려고 의사 표시를 분명하게 하는 편인
데, 오히려 싸움을 좋아하는 사람처럼 보이는 듯하다는 게 무척
의외다. 싸움도 싫고, 비교놀음도 싫다.

어머니가 당신보다 행복한 사람의 존재를 인정하지 않으려고
그 사람에 대해 나쁘게 말하는 걸 지켜보는 일이 정말 싫었다.
'엄마는 ○○씨가 부럽다는 걸 인정하기 싫어서 헐뜯는 거야. 엄

마의 저런 행동은 정말 보고 있기 힘들어'라는 생각을 어릴 때부터 했기 때문에, 가급적 그런 행동은 하지 않으려고 했다. 그렇다고 해서 40년 동안 다른 사람 험담을 조금도 하지 않고 살아왔다고는 할 수 없으나, 그런 걸 사는 보람으로 여기며 살고 싶지는 않다고 생각해왔다.

험담을 하는 쪽이기보다 듣는 쪽이라 다행이라고 언제나 생각한다.

이런 종류의 일을 하고 있으면, 반드시 사람들이 내 이야기를 하기 마련이다. 인터넷이나 잡지를 보지 않으므로(겁쟁이니까) 어떤 말들이 오가는지는 모르겠지만, 분명 나에 대해 무슨 말을 하고 있겠지 싶어서 하나하나 상상하기 시작했다가는 신경이 쓰여 견딜 수가 없다. 신경을 쓰든 쓰지 않든, 어차피 누군가는 무어라 이야기할 게 뻔하다면 신경쓰지 않는 게 당연히 좋다.

사람들이 나에 대해 나쁘게 이야기할지도 모른다는 느낌에 불안해지면, 나는 언제나 이렇게 생각한다. 타인의 험담을 하고, 또는 타인의 험담을 즐겨 읽고, 그렇게 해서 스스로가 살아 있는 시간을 소비하는 인생이 아니어서 다행이라고. 내게 주어진 시간 중 얼마 되지도 않을, 부모자식 간에 대화할 시간을 타인에 관한 소문으로 허비할 일 없이 살아갈 수 있는 인생이라 다행이라고 말이다. 험담은 하는 쪽보다 듣는 쪽이 낫다.

아들에게도 자주 말한다.

"험담을 듣는 일이 있을지도 몰라. 험담하고 싶어하는 사람은 험담을 하지 않으면 살아갈 수 없으니까 어쩌다 네가 험담의 재료가 될 수도 있어. 하지만 그런 식으로 재료를 찾아내서라도 남의 험담을 하며 살아가는 인생이랑, 좋아하는 사람과 함께할 수 있고 즐거운 일과 기쁜 일들 덕분에 이 세상은 좋은 곳이라고 생각하는 인생 중에서, 한 번밖에 없는 인생이라면 어느 쪽이 좋아? 나는 두번째가 행복하다고 생각해. 이런 종류의 일을 하고 있으니까 여러 말들을 듣기는 하지만, 그래도 남의 험담을 하지 않는 인생이라 다행이야. 네가 집에 돌아왔는데 엄마가 주간지나 텔레비전 와이드쇼를 보면서 '애, 잠깐 들어봐. 저 배우 있잖아, 사실은 저 여자랑 사귄대. 실망이야' 같은 말을 하면 어떨 것 같아?"라고 물으니 "그건 싫어"라고 한다. "그치? 그런 인생이 아니어서 다행이란다"라고 말해주었다.

하지만 말이다, 험담을 하고 싶어지는 마음은 누구에게나 있다. 아들 역시 분명 그런 마음이 들기도 할 것이다. 악의와 조금의 인연도 없는 인간은 있을 리 없지만, 그렇다 하더라도 나는 험담을 하는 쪽보다 듣는 쪽을 택하겠다.

선택하지 않은 인생은 잊어도 좋다

집안의 대화가
커뮤니케이션의 습관을 만든다

집안이란 모두 방심하는 공간이기 때문에
무심코 본심이 드러난다.

집안에서 별 뜻 없이 주고받는 대화란 사실 그 사람이 타인과 관계를 맺는 방식을 형성한다. 아이들에게는 더욱 그렇다.

아이가 폭력적인 영상을 봤을 때 함께 있는 어른이 어떤 반응을 보이느냐가 그 아이의 폭력에 대한 태도에 영향을 준다고 들은 적이 있다.

이를테면 쉴새없이 사람을 때려 피투성이로 만들면서 살인을 하는 장면을 봤을 때, 아버지가 "이 영화 끝내주는데? 멋지다"라고 말할 것인가, "아무리 영화라 해도 사람이 이렇게나 많이 죽는 걸 보려니 계속 볼 마음이 좀 사라지네"라고 말할 것인가,

'커뮤니케이션 능력'이란 무엇일까?

"이런 걸 보면서 속이 후련해질지도 모르겠지만, 이건 어디까지나 만들어낸 이야기야"라고 말할 것인가. 여러 가지 반응이 존재하며, 그것이 모델이 된다는 뜻이다.

집안에서 이루어지는 대화도 그렇다고 생각한다. 모름지기 집안이란 모두 방심하는 공간이기 때문에 무심코 본심이 드러난다. 부모가 대화하는 내내 이웃에 관한 소문과 험담만 늘어놓고 있다면, 대화란 그런 것이라고 생각하는 아이들은 학교 교실에서도 같은 행동을 한다.

예를 들어 아이가 "있잖아, 나 이렇게 엄청난 그림을 그렸어"라는 말을 했을 때, 부모가 "말이야 그렇게 했지만 색깔은 두 가지밖에 쓰지 않았잖아"라며 핀잔을 주는 타입이라면, 대화란 그런 것이라 이해하고서 남들에게도 마찬가지로 시시한 핀잔을 주게 된다.

집안에서의 대화는 중요하다.

어린이집에 가서 아이들을 보고 있으면, 태어날 때부터 싫은 아이는 없다는 생각이 든다. 그러던 것이 점점 고개를 갸웃거리게 될 정도로 변한다. 가족은 물론이고 텔레비전이나 여러 가지로부터 영향을 받아서, 어떤 식으로 타인과 관계를 맺을지에 관한 '틀'을 터득하기 때문이리라.

선택하지 않은 인생은 잊어도 좋다

먼저 스스로의
욕망을 알아야 한다

내가 상대에 대해 어떠한 감정을 갖고 있는지,
좋은 감정과 나쁜 감정 모두 포함하여 분명히 정리하자.

아이들은 흉내내는 걸 무척 좋아
한다. 예를 들면 남을 구박하거나 성을 내는 유형의 개그맨 흉
내를 냄으로써, 아이들 사회의 서열 안에서 '웃기고 센 녀석'이
라는 위치를 획득하곤 한다.

아이들뿐만 아니라, 단순히 남을 흉내내는 데서 시작하여 그
'틀'을 터득하는 동안 나름대로의 표현을 해보고서야 비로소 그
틀을 지니게 되는 법인데, 그저 틀을 있는 그대로 모방하기만
하면서 나는 웃기고 센 녀석이라 안이하게 생각하고 마는 경우
가 있다.

잔재주를 써서 틀을 요령 좋게 모방하는 일이 과연 커뮤니케

이션 능력이 높다는 뜻일까?

그렇지는 않을 것이다. 틀을 수용할 때는 무엇 때문에 나는 그 틀을 필요로 했는지를 생각해야 한다. 인기 있는 사람이 되고 싶어서 코미디언의 흉내를 냈다면, 흉내인 이상 단순히 '흉내를 잘 내는 사람'이라는 인기밖에 얻지 못한다.

"너 진짜 재밌어", "네 이야기는 딴 사람들이 따라 하지 못해"라는 말을 듣기 위해서는, 무엇을 위해 그 틀을 쓰려고 했는지, 동기가 되는 부분을 분명히 해야 한다.

커뮤니케이션은 상대를 아는 데서 시작된다고들 하지만, 우선은 커뮤니케이션을 하려고 하는 스스로의 동기를 아는 일이 중요하다고 본다.

그걸 자연스럽게 깨닫기란 어른에게도 어렵다. 그렇기 때문에 나는 아들이 마음에 걸리는 표현을 써서 말을 했을 때는 "어째서 지금 그걸 이야기하고 싶어한 거야?"라거나 "어떤 마음에서 그 표현을 골랐어?" 하고 물어본다. 스스로의 기분을 객관적으로 바라보는 데는 훈련이 필요한 법이다. 습관으로 만든다는 건 곧 꾸준히 훈련한다는 뜻이다.

어른 또한 언제나 의식적으로 스스로의 언동을 검토하는 버릇을 들이는 것이 좋을지도 모른다. 자기 마음의 움직임을 아나운서처럼 직접 실황 중계한다는 마음가짐으로.

선택하지 않은 인생은 잊어도 좋다

욕망이 없다면 인간은 타인과 관계를 맺으려고 하지 않을 것이다.

어째서 나는 이 사람에게 말을 걸고 싶은 것일까. 지금 이 사람에게 무엇을 하고자 하는가. 상대를 알기 전에, 우선은 나를 분석하여 내 욕망을 파악할 것. 그것이야말로 수준 높은 커뮤니케이션 능력으로 이어진다.

이를테면 동창회에서 옛날 친구와 재회했을 때, 그중에서도 출세가도를 달리는 사람에게 다가가는 상황을 생각해보자. 자신이 무엇을 하려고 하는지, 스스로도 눈치채지 못하고 있을지도 모른다.

동창회에 억만장자가 된 사람이 참석했다. 하지만 그는 중학생 때는 평범한 소년이었다. "잘 지냈어? 너 요즘 승승장구하는 것 같더라?" 하며 당신은 말을 건다. 진심으로 그를 그리워했던 마음에 다시금 옛날 우정을 되살리려는 것인가, 억만장자와 가까이 지내려는 것인가, 또는 '지금의 너는 억만장자가 됐지만 중학생 때는 내가 너보다 위였어'라며 확인하려는 것인가.

여러 동기가 있을 터이다. 그 동기를 이해한 상태에서 커뮤니케이션을 취하는 것이 어른의 소양이라고 생각한다. 스스로의 진심을 자각하고, 절도 있는 언동을 하는 것 말이다.

어른이 되면 여러 커뮤니케이션의 패턴을 익히게 되기 때문에, 그 틀을 활용하면 기저에 질투심이 자리하고 있다 해도 마치 진심에서 우러난 우정의 발로인 양 행동할 수 있다.

내게 질투심이 있음을 자각했다면 그걸 감출지 아니면 조금만 드러낼지에 대해 스스로 제어할 수 있지만, 자각이 없는 경우 신사인 체하며 접근해서는 한심한 말들을 내뱉게 될지 모른다. 스스로의 동기가 보이지 않기 때문에, 욕망을 방치하고 거기에 휘둘리는 꼴이 되는 것이다.

그렇게 되지 않기 위해서라도, 우선은 내가 상대에 대해 어떠한 감정을 갖고 있는지, 좋은 감정과 나쁜 감정 모두 포함하여 분명히 정리하자. 그런 다음 어느 것을 앞세워 행동할지를 결정해야 한다.

비록 품격이라곤 찾아볼 수 없는 진심을 깨닫는다 해도, 스스로를 탓하지 말기 바란다. 중요한 것은 그것을 행동에 옮기느냐 자제하느냐이므로.

한심한 기분이 드는 것 자체는 부끄러운 일이 아니지만, 한심함을 드러내는 것은 꼴불견이다.

선택하지 않은 인생은 잊어도 좋다

우선은 나를 분석하여 내 욕망을 파악할 것.

그것이야말로 높은 커뮤니케이션 능력으로 이어진다.

내 욕망과
사이좋게 지내기

왜 나는 상대에게 내 마음을
들키지 않으려고 애써가며 말하는가

이를테면 무척이나 매력적이면서
행복해 보이는 사람이 있다고 가정해보자. 그녀는 분명 나보다
우수하며, 모두가 그녀를 원한다. 실제로 그녀와 이야기를 나누
어봤을 때 별로였다면 가슴에 얹혔던 것이 조금은 내려가는 기
분도 들겠으나 그런 사람들일수록 좋은 사람일 경우가 많다.

'행복한 사람이란 역시 좋은 사람이구나, 정말 완벽하게 졌
다!'라는 기분이 들었을 때, 그 기분을 솔직하게 드러낼 수 있는
상대와 그럴 수 없는 상대가 있다.

드러낼 수 없는 상대에게, 어째서 내 기분을 들키고 싶지 않
은지를 생각해보는 게 좋다. 거기에 어떤 욕망이 감추어져 있는

선택하지 않은 인생은 잊어도 좋다

지에 대해 말이다. 나도 그런 상황을 자주 겪는다.

잠깐, 나는 지금, 내가 이 사람 입장에 서 있었어도 전혀 이상하지 않았을 텐데 어째서 신은 내가 아닌 이 사람을 선택했을까라는 생각을 하는 것인가. 아니면 분명히 이 사람에게는 있지만 내게는 없는 그 무엇을 느끼고서 내 그릇의 작음을 깨달은 나머지 자기혐오에 빠져 있는 것인가.

이야기를 하면서, 왜 나는 상대에게 내 마음을 들키지 않으려고 애써가며 말하는가에 대해 생각한다. 우선은 '내 마음을 들키고 싶지 않다'고 생각하는 나를 받아들인다. 그런 다음 어째서 그렇게 생각하는 것인지에 관한 욕망을 찾는 일은 재미도 있고 나를 아는 데 도움도 된다.

20대까지의 나는 도저히 적수가 못 된다는 기분에 빠져 있다는 걸 상대에게 솔직히 드러내지 못하는 나를 두고, '굉장한 허세를 부리고 있구나' 또는 '이런 생각을 하다니, 나는 참 못난 사람이야'라고 생각했고, 나를 점점 싫어하게 되고 말았다.

하지만 언제부터인가 허세를 부리는 나도 인정할 수 있게 됐다. '세상에, 나 좀 봐. 지금 뭘 하고 있는 거지?'라고 생각하면서도 '많든 적든 누구에게나 이런 일은 있잖아. 그렇다고 해서 이 사람을 괴롭히려는 것도 아니고, 허세를 부리는 일은 꼴불견이긴 하지만, 허세를 부려야만 살아갈 수 있는 일도 있어'라는 생각도 하게 됐다. 그런 식으로 대범하게 생각할 수 있게 된 것

'커뮤니케이션 능력'이란 무엇일까?

이다.

나이를 먹으며 내게는 뻔뻔해지고 상대에게는 너그러워졌다고도 할 수 있겠다.

이를테면 완벽한 차림새를 하고서 자랑만 늘어놓는 사람은 분명 함께 있어도 친구가 되고 싶다는 생각이 들지 않지만, 그렇게 허세를 부리지 않을 수 없는 심정도 모를 바는 아니다. 내게도 그런 일이 있었고, 나 또한 상대에 따라서는 그런 식으로 필사적으로 허세를 부리고 마는 일도 있을지 모른다.

마냥 남 일 같지 않다고 여길 일들이 점점 늘어난다.

20대 때는 '저 사람은 믿을 수 없어' 또는 '진짜 되먹지 못한 인간이네'라며 속으로 걸쭉하게 욕을 퍼부었던 것이, 마흔 살이 되자, 에너지가 떨어진 탓도 있겠지만, 그런 일이 불가능해졌다. 저 사람도 나도 그렇게 다르지는 않다는 느낌이 들기 시작한 것이다.

욕망과 어울리는 방식이 나이와 함께 성숙해졌는지도 모른다. 강화되는 욕망과 타협하게 되는 욕망이 있고, 사람에 따라 욕망의 분출구는 저마다 다르나 알맹이는 그렇게 다르지 않다.

허세를 부려야 하는 상황에 놓여 있다는 것은 지금 상당히 힘든 상황일 수도 있다는 뜻이다. 또한 어쩌다 상황이 다를 뿐이지 나 역시 처한 환경이 다르다면 죽을힘을 다해 허세를 부려야만 해낼 수 있을 것 같은 일들도 반드시 있으리라고 생각한다.

선택하지 않은 인생은 잊어도 좋다

상대의 욕망을 이해할 수 있다면, 그 이해를 통해 생겨나는 감정은, 이를테면 혐오감이라 할지라도 역시 공감에서 비롯되는 것이다.

누군가가 사람들에게 굉장히 사랑받는 반면 반감도 많이 산다는 것은 그만큼 사람들이 공감할 부분이 있다는 뜻인 것 같다. 공감한 결과 친근감이 들게 되기도 하고, 공감했기 때문에 혐오감이 들기도 한다고 생각한다.

질투심을
제어하는 법

답은 내 안에 있다.

내게도 물론 질투나 선망 같은 감정
이 있다. 그런 감정이 들 때는 대체 무엇에 대해 질투하는지 생
각해본다.

그저 울분에 차서 '제발 사라져줘' 따위의 생각을 하는 건 스
스로에게 너무나 힘든 일이고, 생산적이지도 않다.

그렇기는 하나 그 사람과 만나면 왠지 안달났던 경험이 있지
않은가? 속이 바짝바짝 타는 듯한 이 느낌은 대체 뭘까 싶었던
적은 누구에게나 있을 것이다.

안달난다는 것은, 즉 비위에 거슬린다는 뜻이다. 그 사람이
내게 딱히 싫은 행동을 한 것도 아닌데 왠지 신경쓰이는 사람,

있지 않은가? 어째서 신경이 쓰이는 것일까. 나 스스로도 무척 흥미로운 일이다.

예전에 내게 사사건건 트집을 잡으려는 남자가 있었다. 아무래도 내가 무척이나 싫었던 것 같은데, 어째서 그 사람이 그런 식으로 나를 싫어하는지 짐작 가는 바가 조금도 없었다.

처음 만나고 나서 얼마간은 오히려 개그 코드도 비슷해서 즐겁게 수다를 떠는 사이였다. 그러던 것이 어느 시점부터 갑자기, 인간적으로 어디 문제가 있는 게 아닐까 싶을 정도로 나를 구박하고, 내가 싫어하는 행동을 굳이 하면서, 내가 없는 곳에서 나에 대해 안 좋은 이야기들을 하기 시작했다.

지금까지도 그 이유를 모르지만, 어쩌면 내가 그의 내면에 존재하는 여러 가지 콤플렉스를 자극했을 수도 있고, 그가 지닌 이상적 인간상에 비추어보아 용납할 수 없는 무언가가 내게 있는 것일 수도 있다.

그 사람과 나 사이에 어떤 일이 구체적으로 있었던 것도 아닌데, 왠지 안달이 나거나 싫다 느껴지는 일들은 사람과 사람 사이에서는 자주 있는 일일 거라고 생각한다.

하지만 '타인을 눈엣가시라 여기는 인간이어서는 안 된다'며 고지식하게 생각하는 나머지 억지로 사이좋게 지내려 해보고, 스스로의 감정을 있는 힘껏 부정하기라도 할 기세로 상대를 치켜세우는 말들을 건네는 경우가 있다. 나도 그럴 때가 있다.

'커뮤니케이션 능력'이란 무엇일까?

하지만 요즘 들어 뻔뻔해진 탓인지, 나는 상대에 대해 일방적으로 재미없다며 말하기도 하고, 왠지 거슬린다고 느껴질 때는 '그럴 수도 있지' 하며 받아들인다. 그걸 해소하려고 달려들기보다도 그런 기분이 들었다는 걸 인정하고, 어째서 그렇게 느끼는지에 관한 욕망을 찾는 쪽으로 관심을 돌린다.

그 답 속에는, 이를테면 내가 뭔가를 가지고 싶어했다거나 뭔가를 후회하는 등 스스로의 내면에 꾹꾹 눌러담은 어떤 욕망이 분명 있을 것이기 때문에, 그게 무엇일지를 파악하는 작업이 재미있다.

신기하게도 욕망을 알면 조금 편해진다. 욕망에 휘둘려 마음이 부대끼거나 흐트러질 때가 가장 괴롭다.

나는 어째서 이렇게 마음이 흐트러지는가에 대해 꼼꼼하게 질문을 던지면서 한 겹 한 겹 마음의 지층을 걷어낸다. 그렇게 해서 스스로를 파내려가면, 역시 이것이었구나 싶은 욕망이 마음 깊숙한 곳에서 보이기 시작한다.

이를테면 남들이 나를 좋은 사람이라 생각하길 바란다거나 섹시하다는 말을 듣고 싶어한다는 것 등이다. 뭐든 상관없다. 그 욕망에 당도한 후 실체를 파악하고 나면 납득할 수 있다. 조금은 편해진다.

스스로의 욕망을 뒤흔드는 대상에게, 즉 스스로의 외부에 대해 어떤 행동을 개시함으로써 그 동요를 제거하려 하기보다 스

선택하지 않은 인생은 잊어도 좋다

스로를 탐구하는 편이 에너지를 훨씬 적게 들여도 되고 얻는 것
도 많다는 이야기다.

상대를 박멸했다 한들 얻는 건 아무것도 없다. 하지만 스스로
의 마음이 흐트러진 이유를 찾아내면 다음번에 또다시 마음이
흐트러졌을 때 내 마음을 제어하기가 쉬워진다.

안달나는 이유는, 정체를 알 수 없는 불안에 사로잡혀 있기
때문이다. 답은 내 안에 있다.

'커뮤니케이션 능력'이란 무엇일까?

신 기 하 게 도   욕 망 을   알 면   조 금   편 해 진 다 .

욕망에 휘둘려 마음이 부대끼거나 흐트러질 때가 가장 괴롭다.

여자 아나운서라는
역할에 끝내 몰입하지 못했던 이유

이건 화법의 문제라는 걸 깨달았다.

예를 들어 나는 전혀 내뿜을 수 없는, 함초롬한 색기를 자아내는 사람이 있는데, 그 사람을 보면 부러워서 안달이 난다고 해보자. 그 이유가 뭘지 곰곰 생각해보니, 내게는 그녀처럼 불특정 다수의 남자들로부터 숭배에 가까운 수준의 동경이 담긴 시선을 받아본 경험이 없었다. 그걸 태어날 때부터 갖춘 그녀가 부럽다, 나도 그런 눈으로 남들이 바라봐주었으면 좋겠다는 마음을 발견했다고 가정하는 거다.

그걸 알게 되면, 다음에는 어째서 남자들은 그녀의 이미지에 동경심을 품는지에 관한 쪽으로 관심이 옮겨간다. 이런 작업은 일을 할 때도 플러스 요소로 기능한다.

'커뮤니케이션 능력'이란 무엇일까?

사람이 무엇을 원하고 어떻게 사물을 보는지에 관해 탐색한다는 것은, 스스로가 남들 앞에 나설 때 어떤 식으로 드러내느냐에 따라 남들의 욕망 중 어떤 것을 건드리는지를 분석하는 데 도움이 된다는 뜻이다.

그 하나의 결과로, 내가 획득한 방식에 '마쓰시마 나나코(松嶋菜々子) 수법'이라는 게 있다.

실제로 젊었을 때 어째서 나는 남자들에게 '건방지기는' 또는 '귀여운 구석이 없어'라는 말들을 듣는 건지 줄곧 고민했었다. 그러다 텔레비전 드라마인 〈야마토나데시코(やまとなでしこ)〉*를 보며 이건 화법의 문제라는 걸 깨달았다.

재빨리, 그다지 면식도 없는 높은 분에게 마쓰시마 나나코가 연기한 캐릭터처럼 참하고도 귀염성 있게 이야기해보았더니, 무어라 말할 수 없을 만큼 내 인상이 좋아졌다. 그렇게나 단순한 일이었던가 싶었다. 한 수 배운 셈이다.

그러한 수법을 가리켜 '잔재주를 써서 남을 넘어뜨린다'고 표현하는 건 간단하지만, 모르는 여자가 마쓰시마 나나코 같은 화법으로 말을 건네는 것과, 똑 부러지게 사무적으로 말을 건네는 것 중 어느 쪽에 친근감이 느껴지고 이야기하기가 편할까. 특히 이성일 경우라면, 당연히 나나코식 화법일 게 뻔하다.

그다음으로 생각해볼 것이 목적이다. 상대가 나를 티끌만큼의 거짓도 없는 인간이라 여기게 하는 게 목적인지, 말하기 편

선택하지 않은 인생은 잊어도 좋다

하니까 함께 일하고 싶다는 생각을 갖게 하는 게 목적인지 생각하면, 물론 후자다. 그러므로 거짓이라 해도 좋다. 나나코식 화법을 쓰자고 마음먹었다.

사실 나는 지금도 나나코식 화법을 사용할 수 있다. 실제로도 잘 쓰고 있다. 본 적 없는 사람과 만날 때, 내게 저항 심리가 강할 것 같은 사람이나 보수적인 사람에게는 완벽하게 나나코식 화법을 쓴다.

젊을 때는 머리부터 발끝까지 남자들이 좋아할 것 같은 차림새를 하고, 마찬가지 화법을 쓰는 여자를 보면 왠지 싫었다. 하지만 이 방법은 유용하다. 쓸 수 있을 때는 쓰는 게 좋다.

내 경우 나나코식 화법을 적용할 때, 한낱 틀을 모방할 뿐인 데서 그치지 않는다. 왜 나는 지금 이 상대에게 이 커뮤니케이션 스타일을 취하며, 왜 그것이 성과를 거두고 있는가, 또한 왜 그 화법을 나는 재미없다고 여기고 있는가 등 모든 것을 분석한 다음에 적용하려고 하는 편이다. 그렇게 해야 비로소 그 화법을 소화할 수 있는 법이다. 그러니까, 저는 다 알고 있으니 이렇게 하는 거라고요, 같은 마인드로.

그런 식으로, 내 경우는 시간이 걸린다. 그러므로 여자 아나운서라는 역할에 몰입하는 데도 시간이 걸렸고, 결과적으로는 몰입하지 못했다. 사리를 집요하게 따지지 않고, 상대에게 좋은 인상을 주는 화법을 능숙하게 구사할 줄 아는 사람이 금세 '여자 아나운서'가 될 수 있으며, 화려한 무대에 설 수 있다. 유감스럽게도 나는 그렇게 하기가 좀처럼 불가능했다.

★ 앞서 등장한 마쓰시마 나나코가 주연을 맡은 텔레비전 드라마(2000년). 원래 '야마토 나데시코'는 겉보기에는 청초하고 섬세하지만 내면은 강한 여성을 가리키는 말로, 일본 여성이 지녀야 할 전형적 아름다움을 상징한다. 국내에서 '요조숙녀'라는 이름으로 리메이크되기도 했다.

선택하지 않은 인생은 잊어도 좋다

사람이 무엇을 원하고 어떻게 사물을 보는지에 관해

탐색한다는 것은, 스스로가 남들 앞에 나설 때 어떤 식으로

드러내느냐에 따라 남들의 욕망 중 어떤 것을 건드리는지를 분

석하는 데 도움이 된다는 뜻이다.

스스로를 분석하는
힘은 '면접'에서 길러졌다

미소라멘을 쇼유라멘보다 좋아한다.
그 이유는 무엇일까?

'지난번에 정말 감사했어요~☆☆
☆' 하는 식으로 특수문자가 들어간 문자는 제쳐두고라도, 문자
메시지를 쓰는 일은 상대에게 용건을 이해하기 쉽게 전달하는
데 좋은 연습이 되는 것 같다.

이를테면 같은 팀에서 일하는 사람, 또는 좋은 관계를 쌓을
필요가 있는 사람과 대화를 이어갈 때, 상대가 알기 쉽도록 용
건을 전하기 위한 문자메시지의 문장은 쓰는 데 상당한 시간이
걸린다.

계속해서 문자메시지를 주고받는 일에 때로는 두 시간씩이나

선택하지 않은 인생은 잊어도 좋다

들이면서 진절머리를 내면서도 결국 그렇게 함으로써 내 생각을 정리할 수 있었고, 상황을 분명하게 이해할 수 있었다.

'지난번에는 감사했습니다. 그 사안에 대해서는 이와 같은 제안을 해보고자 하는데 어떠실지요. 다만 저는 경험이 부족하니 모쪼록 지도를 받으며 진행할 수 있다면 좋겠습니다'와 같은, 업무 진행에 필요한 단계를 착실히 거치며 문자메시지를 반복해서 쓰는 동안에 문장도 좋아진다. 나는 문자메시지를 쓰면서 문장력을 상당히 기를 수 있었다.

그때 그 사람에게 보낸 문자메시지를 통해 정리된 것이, 에세이를 쓸 때 도움이 되곤 하는 일이 종종 있다. 답장을 보내는 건 귀찮지만 말이다.

내가 특히 조심하는 부분은, 구체적 제안을 전달하는 것은 기본이고, 왜 내가 그렇게 생각하게 되었는지, 그 배경이 되는 내 자세를 반드시 제시하는 데 있다.

예를 들어 이 프로젝트에 나는 이러한 마음가짐으로 참여하고 있고, 이러이러한 것이 공유되어야 할 가치관이라 이해하고 있는데, 이게 맞는가. 만일 그렇다면 이러이러한 제안을 해보고 싶은데, 방향성이 다를 경우 조정하고 싶다는 식으로.

그렇게 해서 나 자신을 분석하는 것은 아이 때부터의 습관이다. 익숙해지면 그렇게 고통스럽지는 않다. 오히려 즐거운 작업이다. 이를테면 미소라멘을 쇼유라멘보다 좋아한다. 그 이유는 무엇일까 하고 스스로에게 질문하는 데서 시작해보자. 그것은 바로 '나와의 커뮤니케이션'이다.

이 습관은 취업 활동을 할 때 본격적으로 생겼다.

취업 활동을 할 때 요구되는 자기 PR에서는, 면접관에게 스스로의 장점을 프레젠테이션해야 한다. 적극적이고 호기심이 왕성하며 사람을 매우 좋아한다 등등. 모두가 같은 내용의 말을 한다. 하지만 결국은 내 경험이나 느낌을 말해야 한다.

나는 왜 ○○을 좋아하는가? 왜 ○○을 재미있다 생각하는가?

타인에게 설명하기 위해서는 이 '왜'에 해당하는 부분을 말할 수 있어야 한다. 그렇게 하면 점점 나에 대해 집중적으로 파고들지 않을 수 없게 된다.

나를 분석하면, 내가 '무엇을 중요하게 여기는가'라는 지점에 최종적으로 당도한다.

오늘 있었던 일을 이야기하기만 해도 스스로의 본질을 드러내는 셈이라는 사실을 깨달았다.

길을 걸을 때 식물에 눈길이 가는 사람이 있는가 하면, 스쳐지나간 사람에게 시선을 주는 사람도 있다. 같은 길을 나란히 걸은 두 사람이 면접에서 "여기에 올 때 재미있는 일은 없었습니까?"라고 물었을 때 "미모사꽃이 피어 있는 걸 봤습니다", "도중에 굉장히 별난 사람을 봤습니다"라며 전혀 다른 답이 나온다. 그것은 두 사람의 관점이 다르기 때문이다.

그러므로 뭔가 특별한 에피소드를 발견하지 않아도 내가 무엇을 재미있어하는지는 자연스럽게 전달될 터이다. 그렇게까지 특별히 다듬은 자기 PR 같은 건 필요 없다는 사실을 깨닫자 면접이 무척 즐거워졌다. 오늘은 어떤 질문을 받을까 상상하며 타인과 만나는 일을 기대하게도 됐다.

'커뮤니케이션 능력'이란 무엇일까?

상대에게
맡기는 것도 중요하다

내가 기대했던
반응이 나오지 않아도 비관할 건 아니다.

　　　　　　　스스로를 분석한 결과, 나는 '같다
고 생각했던 것이 사실은 달랐다', '다르다고 생각했던 것이 사
실은 같았다'에 대한 관심이 높아졌다.

　경계가 애매한 것들에 흥미가 있다. 그걸 알고 나서는 자기
PR을 할 때 '내가 체험한 것을 어떤 식으로 재미있어하는가'에
초점을 맞춰 이야기할 수 있게 됐다. 장점을 줄줄이 늘어놓지
않아도 무엇을 재미있어하는 인간인지를 전달하면 된다고 생각
한 것이다. 그런 다음에는 면접관의 이해 방식을 내가 통제할
수 있다고 여기지 않을 것. 그렇게 생각하는 순간, 이야기는 시
시해진다. 상대에게 맡기는 것도 중요하다.

선택하지 않은 인생은 잊어도 좋다

인간은 모두 다르기 때문에 내가 생각하는 대로 반응해주지 않는다. 내가 '지금 건 망했어'라고 생각해도, 상대는 그렇게 생각하지 않을 때도 있다. '방금 이야기는 듣길 잘했다'고 생각할 지도 모른다. 내가 기대했던 반응이 나오지 않아도 비관할 건 아니다.

구직용으로 완벽한 자기소개글을 짓지 않아도 괜찮다. 그날 있었던 일을 이야기하기만 해도 자기 PR이 된다고 생각하면, 면접에 대한 두려움도 사라지고 타인과 만나는 일도 무서워지지 않는다.

타인에게 나를 설명할 필요에 쫓기는 경험은, 사실 취업 활동에서 대부분 처음 겪을 것이다. 하지만 그후에도 그런 일들이 반복된다. 이 회사에 들어가고 싶다는 마음을 전달하는 자리나, 이 거래를 성사시키고 싶다, 또는 당신의 팀에 들어가고 싶다 등 다양한 상황에서 스스로의 열의를 상대에게 전달할 필요가 그후로도 계속 생겨난다. 취업 활동을 통해 체험한 것들은 업무 현장에서도 도움이 된다.

'커뮤니케이션 능력'이란 무엇일까?

'채용되었다'의 의미가 곧
'인간적으로 받아들여졌다'는 아니다

있는 힘껏 해봤는데 안 됐을 때는
궁합이 나빴다고 여기면 그만이다.

언론계를 목표로 하는 사람은 스스로의 머릿속이 돈이 되는지 여부가 중요하기 때문에, 재미있는 사람이라는 평가를 받아야 한다는 생각에 초조해한다.

분명 발상력은 다른 업종보다도 중시될 것이다.

나도 시험에 대비하며 가능한 만큼 내 머릿속을 분석해서 내 사고방식은 이러이러한 경향이 있고, 이 부분이 재미있으며, 이건 나쁜 습관이라는 식으로 뇌 지도를 그렸다. 나를 스스로 파악하고 있지 않으면 불안해서 면접에 임할 수 없었다.

TBS 입사 면접에서 "당신은 스스로가 재색을 겸비한 인물이라고 생각하겠지요?"라는 질문을 받았는데, 솔직하게 "조금은 그렇게 생각합니다"라고 대답했다. "그렇지 않습니다. 저는 그저 보도의 사명을 다하고 싶습니다"라는 게 모범답안이었을지도 모르나, 그건 내 본심이 아니다. 따라서 나는 그 답을 고르지 않았다. 채용되었을 때 나는 스스로에게 거짓말을 하지 않았기 때문에 붙었다고 생각했다.

그리고 착각했다. 내 모든 것을 속속들이 드러내서 합격한 만큼, 내 모든 것이 받아들여진 것이라고.

입사했을 당시는 '신입 여자 아나운서다움'을 요구받았으나 '나는 그런 이유로 이 회사에 붙은 게 아니야'라고 생각했기 때문에, 당연하게도 '귀염성이 없다'거나 '건방지다'는 말들을 들었다. 들어 마땅한 소리다. 취직 시험이라는 것은 절대 '당신이라는 존재를 전면적으로 받아들이겠습니다'라는 뜻이 아니다. '쓸모 있어 보인다'라는 이유만으로 채용된다. '채용했다=인간적으로 받아들였다'라는 공식은 성립하지 않는 것이다.

그러한 까닭에 왜 채용되었는지, 채용되지 않았는지는 고민해도 답이 없다. 있는 힘껏 해봤는데 안 됐을 때는 궁합이 나빴다고 여기면 그만이고, 채용됐을 때는 운이 좋았다고 여기면 그걸로 충분할 따름이다. 주어진 곳에서 겸허하게 경험을 쌓는 일부터 시작할 수밖에 없으므로.

이 돈은
무엇의 대가인가

회사원으로서 돈을 번다는 일이
어떤 의미인지에 대해 진지하게 부딪쳐보길 잘했다.

나는 결코 잘나가는 아나운서는 아니었지만, 그래도 높은 수입을 안정적으로 벌어들이고 있었다.

방송국 아나운서는 회사원인 까닭에 고정으로 출연하는 프로그램 수에 따라 월급이 오르지는 않는다. 고정 프로그램이 하나도 없다 한들 연령에 따른 급여와 최저한의 보너스가 나온다.

왜냐하면 조직의 구성원이기 때문이다. 그렇다고는 해도 더 적절한 이유가 필요하다. 그 이유란 무엇인가에 대해 생각했다. 그러다가 나는 '방송국 아나운서'란 방송국의 신뢰도와 호감도를 올리고 방송국의 방송 진행 담당이자 충실하게 업무를 수행하는 출연자로서 언제든 방송에 나갈 수 있도록 비축되어 있는 사람들이라는 사실을 깨달았다. 그러니까 잘나가지 못해도 '충실한 화자'라는 점에 대해 돈이 지급되는 것이라고 말이다. 그렇다면 월급 액수만큼 불평하지 않고 일하자고 생각했다. 그것이 대가라면.

나는 출처가 뚜렷하고 또 무엇에 대해 지불된 돈인지가 분명하지 않으면 직성이 풀리지 않는다. 입사하여 15년이 되자, 지금까지는 방송국 아나운서라는 사실에 대해 지불된 돈을 받았지만, 앞으로는 고지마 게이코라는 데 대해 지불되는 돈으로 살아가고 싶었고, 회사를 그만두었다.

지금은 내가 한 일의 대가로 돈을 받는다는 사실이 분명히 와닿아서 보람이 있다. 세금도, 월급에서 공제되는 게 아니라 한번 내 주머니에 들어온 것이 나간다는 것을 실감하는 게 성격에 맞는다.

만일 내가 급여명세서를 보면서 '이건 무엇의 대가일까?' 하고 생각하지 않았더라면, 지금의 나는 존재하지 않았다. 회사원으로서 돈을 번다는 일이 어떤 의미인지에 대해 진지하게 부딪쳐보길 잘했다고 생각한다.

이 세상은 내 힘으로는
어찌할 수 없는 것들투성이

내 약점을 극복하기란 어려워도,
아는 것은 가능하다.

이런 식으로 이것저것 핑계를 대고 있는 건 내가 소심한 사람이어서다.

내가 이렇게나 열심히 하고 있는데 어째서 남들은 나를 알아주지 않을까? 분명 알아주는 사람이, 내 모든 걸 받아들여줄 사람이 어딘가에 있을 거야. 이렇게 끊임없이 갈구하는 데 지쳐서, 어떻게든 마음 편하게 살고 싶었다.

언제부턴가 내가 느끼는 초조함이나 열등감을 분석하여 알아두고 싶었다. 휘둘리는 데 진력났으니까. 내 약점을 극복하기란 어려워도, 아는 것은 가능하다. 그리고 뭐든지 생각하는 대로 할 수 있다고 여기지 않을 것. 내 상황조차도.

선택하지 않은 인생은 잊어도 좋다

그 상징이 내게는 임신과 출산이었다.

임신한 순간부터 내가 통제할 수 없는 일이 신체 깊숙한 곳에서 진행되고, 육체가 변하며, 주변 사람들의 시선도 달라지고, 나를 대하는 방식까지도 변하고 만다. 나로서는 어찌할 도리가 없었다.

내 신체인데 내 의지와는 관계없이 달라진다. 나는 임신부다. 나란…… 나의 본질이란 무엇일까? 이런 고민들을 했다.

그 결과, '나는 고깃덩어리다'라는 결론을 냈다.

아무리 머리를 굴리고 굴려서 이유를 찾아본들, 내 의지와는 조금도 관계없는 섭리에 휘말린다. 그렇다, 살아 있다는 건 그런 것이었다.

행동보다 말이 앞서는 내가 '그 무엇도 생각대로 할 수 있다고 여겨서는 안 된다'라고 뼈저리게 느낀 것이 임신, 출산이라는 체험이었다. 내 상황조차 생각한 대로 흘러가지 않는다.

타인일 경우라면 두말할 나위도 없다. 그 사람이 화내는 이유는 무엇일까? 온갖 생각을 해봤자 내 짐작과는 전혀 다른 게 이유일지도 모른다. 유감스럽게도 그 사람과 나는 육체도 다르고 머릿속도 달라서, 이유는 알 수 없으나 그 사람 나름의 이유로 내게 화내는 것이라면, 달리 방도가 없다. 그렇게 생각할 수 있게 됐다.

이유를 철저히 파헤치면 반드시 해결책이 있고, 그 누구라 해

'커뮤니케이션 능력'이란 무엇일까?

도 100퍼센트 이해할 수 있다고 여기다가는 인생은 실패의 연속이 되고 만다. 당연한 소리다. 100퍼센트 마음이 통할 리 없으니까! 하지만 임신, 분만 덕분에 그 믿음에서 조금 자유로워졌고 편해졌다. '어쩔 수 없다'는 건 포기하는 게 아니라 '떠맡는다', '받아들인다'는 것임을 실감한 것이다.

선택하지 않은 인생은 잊어도 좋다

'오토매틱'과
'매뉴얼'의 차이?

원래 나도 타인과 거리를
두는 법에 굉장히 서투른 아이였다.

어느 텔레비전 프로그램에서 발달
장애 전문가와 이야기를 나눌 기회가 있었다.

그녀부터가 발달장애 중 하나인 아스퍼거 증후군을 앓고 있
으며, 언어청각사로서 발달장애로 남들과 제대로 커뮤니케이션
을 할 수 없는 아이들을 지원하는 일도 하고 있다.

다른 사람의 기분을 살피고 적절한 표현을 고르는 일이 어려
웠던 그녀는 훈련을 통해 그것을 극복했다고 말한다. 이를테면
오미야게(お土産)를 사온 동료가 "드셔보세요"라며 건넸을 때
"단 건 싫어하니 필요 없어요"라고 말하는 것이다. 솔직히 반응
했는데 어째서 상대가 화를 내는지 이해하지 못한다.

그런 상황을 '오토매틱 운전을 매뉴얼(스틱) 운전으로 전환'함으로써 조금씩 극복해갔다는 것 같다.

대부분의 사람은 누군가가 "오미야게입니다"라며 나눠주면 반사적으로 "고맙습니다"라며 받는다. 이것이 바로 커뮤니케이션의 '오토매틱 운전'. 하지만 발달장애를 가진 사람은 타인의 기분을 알지 못한다. 원활한 커뮤니케이션을 도모하기 위해 매뉴얼 운전을 할 필요가 있는 것이다.

오미야게란 먼 곳에 갈 때 일부러 시간과 공을 들여 사오는 것. 이 사람은 그 오미야게를 나와 친해지고 싶어서 친절히 나눠주는 셈이니, 사실 나는 단 걸 싫어하니까 거절하고는 싶지만 반드시 고맙다는 뜻을 전하며 받는 게 좋을 것이다. 그리고 단 건 싫어한다는 말은 하지 않는 게 친절한 행동이다. 이러한 이유로 "고맙습니다"라고 말하며 받기로 하자. 그렇게 매사 하나하나 생각하며 행동하는 것이 '매뉴얼'이다.

그 이야기를 듣고, 이 '오토매틱'과 '매뉴얼'을 구분하여 사용하는 것은 대인 관계가 고역인 사람이나 스스로를 더욱 깊게 알고 싶어하는 사람에게도 무척 도움이 되는 방식이라 생각했다.

원래 나도 타인과 거리를 두는 법에 굉장히 서투른 아이였다.

어렸을 때 따돌림을 당한 적도 있었고, 나에 대한 불평도 제법 들었다. 그러면서 나는 내가 타인의 기분을 잘 이해하지 못하고 있는 것 같다는 데 생각이 닿았다. 지금 내가 한 대답은 잘못된 것 같은데, 그럼 다음에는 이런 식으로 말해보자며 나름의 연구를 거듭했으니 나도 매뉴얼을 실행해온 셈이다.

아무리 해도 커뮤니케이션을 잘하지 못한다는 생각이 들었을 때는 매뉴얼로 전환해보자. 상황을 분석하고, 상대의 기분을 헤아려보고, 스스로의 심리를 관찰하여 어떻게 행동할지를 검토한다.

분위기 파악을 못하거나 눈치 없는 게 꼭 결점인 것만은 아니다. 타인과 나를 더욱 잘 알고자 마음먹는 계기도 되고, 얻는 것도 많다. 실패는 성공의 지름길이라 했다. 매뉴얼 운전은 생각할 힘을 단련시킨다.

분위기 파악을 못하거나 눈치 없는 게 꼭 결점인 것만은 아니다.

타인과 나를 더욱 잘 알고자 마음먹는 계기도 되고,

얻는 것도 많다.

마음의
실황중계를 해보자

육아란 끊임없이 온갖 과제가 떨어지는,
정말이지 수행과도 같다.

　　　　　　아이를 대할 때 내 뜻과는 달리 울
컥할 경우가 있다. 하지만 감정적으로 대응하고 싶지는 않다.
그럴 때는 고육지책으로서 지금 내가 어떤 심리 상태에 있는지
를 아이에게 조리 있게 설명하려고 하는 편이다. 실황중계를 하
는 느낌으로 말이다.

　"있잖아, 나는 같은 얘기를 몇 번이고 하고 또 해도 상대가 알
아듣지 못하면 정말이지 힘들어. 화장실 불을 끄라고 되풀이해
서 말하는 건 나한테는 굉장히 괴로운 일이란다. 네가 화장실
불을 끄는 데 신경쓴다면 나는 널 혼내지 않아도 되고, 너도 혼
나지 않아도 되잖아. 그렇게나 간단한 일로 서로 편해질 수 있

다면, 해주지 않겠니?"라고.

아무리 참으려 해도 감정적이 되는 일도 있으나, 그저 "안 된다고 했지!"라고 말하는 것으로는 서로 힘드니, 왜 내가 혼내고 있는지를 실황중계하여 어떻게든 설득해보려고 해왔다. 그것은 스스로를 진정시키기 위해서이기도 하다.

아들은 나와는 다른 관점을 갖고 있는지도 모른다. '그런 게 아니라, 이 사람은 단지 그럴싸한 핑계를 대며 업무 스트레스를 나한테 푸는 것뿐이라고' 하는 식으로.

소학교 5학년이 된 큰아들은 사춘기 초입에 다다라 있다.

아이는 지금까지 "나는 그 이야기를 듣고 이렇게 생각했어", "이런 기분이 들었어"라며 모든 걸 털어놓고 함께 이야기했는데, 말수가 부쩍 줄었다. 그의 마음의 문이 바야흐로 닫히는 중인 것이다. 여태껏 엄마나 바깥 세계와 이어져 있었는데, 금을 그어서는 자기만의 세계로 들어가려 하고 있다. 앞으로는 다른 접근 방식으로 아들을 대해야겠다는 생각을 하는 참이다.

육아란 끊임없이 온갖 과제가 떨어지는, 정말이지 수행과도 같다. 해도 해도 끝이 없다. 실패투성이라 여전히 손으로 더듬거리며 찾는 중이다. 육아 전쟁, 험난할 따름이다.

선택하지 않은 인생은 잊어도 좋다

인간관계는
편집 작업

상대와의 관계에서 무엇에 가치를 둘 것인가를 분명히 하면,
대인 관계에서 오는 불안감은 어느 정도 해소된다.

인간관계는 편집 작업인 것 같다.

사람에게는 장점도 있고 결점도 있다. 감정의 굴곡도 있다. 언제나 같은 나로는 있을 수 없지만, 상대 또한 계속해서 변한다. 그렇듯 끊임없이 변하는 나와 상대가 함께할 때 어떤 말이나 감정에 주목하여 상대의 인물상을 빚어낼 것인가. 이를 두고 편집 작업이라 한 것인데, 여기에는 몇 가지 방법이 있다.

핀잔과 훈수가 바탕에 깔려 있는 시선으로 편집하면 결점투성이의 멍청한 인물상이 탄생하고, 무척 좋아하는 사람이라면 장점으로 가득한 이상적 인물상이 나타난다. 상대의 무엇을 보려고 하느냐로 관계는 달라진다.

만일 당신이 '내 주변에는 바보들만 잔뜩 있어서 재미없고 시시하다'고 생각하고 있다면, 그건 당신이 바보를 찾아내기 때문. '그 누구도 나를 제대로 이해해주지 않는다'고 생각하고 있다면, 그건 당신이 정답을 강요하려 들기 때문.

타인과 어울릴 때 상대와의 관계에서 무엇에 가치를 둘 것인가를 분명히 하면, 대인 관계에서 오는 불안감은 어느 정도 해소된다. 이를테면 연인이 되고 싶다는 생각으로 대할 때와, 업무 동료로 대할 때는 상대에 대한 요구가 달라지지 않겠는가?

나는 이 사람과의 관계에서 무엇을 중요하게 여기는가라고 때때로 자문하면 머릿속이 정리된다. 처음에는 '좋은 선배'라 생각했는데 언젠가부터 '라이벌'로서 바라보게 되었다거나, 나는 '친구'로서 만나고 있는데 상대는 '쓸 만한 인맥'이라 여기는 것 같다는 등 편집 방침의 흔들림이나 차이를 이해하면 관계를 정리하기 쉽다.

나는 아들을 대할 때 '아들'로 바라보는 관점과 'ㅇㅇ군'으로서 바라보는 관점을 의식적으로 양립시킨다. 비유하자면, 내 마음속에서 만들어지는 『주간 아들』에는 '우리 아이는 남달리 귀엽다'고 적혀 있으나, 『주간 ㅇㅇ군』에는 객관적 시점에서 바라본 인물상을 적어넣는다.

큰아들도 요즘에는 '정말 좋아해'라고 잔뜩 적힌 책자인 『주간 엄마』와 조금 분석적인 시점에서 편집된 『주간 부모』라는 책자를 만들고 있는 모양인데, 점점 『주간 부모』 쪽이 두꺼워지고 있는 것 같은 기분도 든다.

둘째아들도 시간문제일 테니, 나는 그동안 언제나 깐깐한 기자의 시선에 노출된 채로 육아를 하게 될 것 같다.

'커뮤니케이션 능력'이란 무엇일까?

커뮤니케이션은 불안과
공존하기 위한 것

/

살아 있다는 것은 변한다는 것.
변화는 불안한 일이지만
축복받은 일이기도 하다.

타인이 보기에는 실패로 얼룩진 내
체험을 통해 지금까지 커뮤니케이션에 대해 생각해봤다. 그러
면서 새삼 느낀 것인데, 커뮤니케이션 능력이란 불안과 마음 편
히 공존하기 위해 필요한 것이다. 불안은 제거할 수 없다. 하지
만 불안이란 그렇게 두려워할 대상도 아니다. 완전히 없애려고
하기 때문에 도리어 신경쓰게 되는지도 모르겠다.

'불안한 게 있어서는 안 된다'라니, 대체 누구에게 주입당한
것인가?

오히려 불안은 타인과 관계를 맺고 싶어하는 마음의 원천이
되기도 하고, 잘 생각해야 한다며 만사에 주의를 기울이는 계기

선택하지 않은 인생은 잊어도 좋다

도 되므로 나쁘지만은 않다. 불안해하면 안 된다는 생각은 버리자. 불안하다는 사실을 통해 도리어 안정되어 있다고도 말할 수 있는 법이니까.

자, 그 불안이란 무엇일까?

'내가 보고 있는 세계는 다른 사람이 보고 있는 세계와 같은가', '내가 가치 있다고 여기는 것은 나 혼자만의 착각이지 않을까', '내 기분을 타인이 곡해하고 있지는 않을까', '나는 외톨이인가' 등등의 여러 불안이 존재한다. 그걸 해소할 수 없어도, 실패한 건 아니다. 공존할 지혜를 습득하면 된다.

불안과 함께 잘 지내보자. 불확실한 것에도 가치를 두자. 애매함을 견디는 힘을 기르자. 살아 있다는 것은 변한다는 것. 변화는 불안한 일이지만 축복받은 일이기도 하다. 그렇게 생각할 수 있게 된 후 내 세계는 전보다 훨씬 안정되었다.

커뮤니케이션이란, 내가 불안하다는 것을 확인하면서, 불안함이 존재해도 스스로가 살고 있는 세계가 여전히 풍요롭다는 사실을 확인하는 일이기도 함을 깨우쳤다.

실패를 예찬하기. 실수를 저지르면서 나는 계속 배운다. 정답 없는 세계를 희망이라는 이름의 배에 싣고서 여행을 떠나자.

제4장

참고하시라!
고지마식의 유형별
커뮤니케이션 기술

내가 갖고 있는 커뮤니케이션 습관은 되도록 상대에게 다가서서 공감 포인트를 찾기인 것 같다. 사실 굉장히 피곤한 일이다. 그러므로 100퍼센트 추천은 할 수 없지만, 나는 그렇다.

고역이라 느낄 때, 싫은 감정이 들 때, 머리끝까지 화가 치솟을 때도 '왜 싫을까?' 하고 이유를 찾는다. 따라서 상대에게 휘말리는 듯한 부분도 있다. 모든 사람에게 추천은 할 수 없으나, 이 방법을 써서 잘 풀리는 경우도 있기 때문에, 읽어보고 괜찮다 싶은 부분은 활용해보시기를.

선택하지 않은 인생은 잊어도 좋다

자랑만 늘어놓는 사람

어지간하면 들어주자.

자랑만 늘어놓는 사람은 나쁜 사람은 아니다.

입만 열면 험담부터 하는 사람보다 낫다. 험담을 듣는 것보다는 몸에도 해롭지 않은 느낌이라 그렇게까지 괴롭지는 않다.

자랑하는 사람은 아무도 들으려 하지 않는 게 불만족스러워서 이야기하는 것일 테다. 단지 누가 들어주었으면 할 뿐. 이 사람이라면 들어줄 것이라 판단하는 건 어느 정도 나를 신뢰하고 있다는 의미이므로 적의는 없다.

적의가 없는 인간관계라면 고민할 필요도 없으니, 어지간하면 들어주자.

다만 했던 말을 또 하기 시작했다면 먼저 질문을 던진다. 첫

참고하시라! 고지마식의 유형별 커뮤니케이션 기술

질문은 자랑에 맞춘 질문이다. 예를 들어 "여기저기 불려다니느라 바빠서"라는 자랑이라면 "모임에 많이 참석하시네요. 잠은 언제 주무세요?" 같은 걸 묻는다.

사람은 자신의 이야기에 귀기울이는 걸 기뻐하므로, 대답해준다. 그리고 두번째부터는 내가 알고 싶은 쪽, 이야기하고 싶은 쪽으로 질문을 던지면서 이야기의 흐름을 바꾸어간다.

자랑을 경주마에 비유하자면, 어찌됐든 말을 한 바퀴 반 정도는 뛰게 둔다. 마치 사냥하듯 그물을 펼치고, 조금씩 먹이를 뿌리면서. 자랑이란 한 바퀴 반 정도 하고 나면 바닥이 드러나기 시작한다. 본인의 기분도 좋아지고, 기세도 누그러진다. 그럴 때가 질문할 타이밍이다.

선택하지 않은 인생은 잊어도 좋다

입만 열면
험담하는 사람

내게 누군가의 험담을 늘어놓는다는 것은,
다른 자리에서는 필시 내 험담을 하리라는 뜻이다.

"응?", "그래?", "뭐?", "진짜?", "그래서?"와 같은 표현을 통해 언제나 놀랍다는 반응을 보이며 질문을 계속한다. "그렇구나" 하는 식으로 동조해서는 절대 안 된다. 험담하는 사람에게 맞장구를 치려 하다가는 "저 사람도 같이 험담했다"가 되기 때문이다.

험담을 하는 사람은 마음 한구석이 찜찜하기 때문에 책임을 분산시키고자 하는 법이다. 혼자서 험담을 하면 스스로가 모든 책임을 져야 하므로, 그 이야기에 맞장구를 친 사람을 자기 멋대로 공범자로 만들려고 한다.

그 술책에 넘어가는 것만은 피하고 싶다.

참고하시라! 고지마식의 유형별 커뮤니케이션 기술

하지만 "그렇지 않아요"라며 반론하면, 이야기가 길어져서 성가신 상황이 벌어진다.

여기서 쓸 수 있는 것이 놀라는 것과 질문이다. 험담을 하는 사람 입장에서도 부정당한 느낌이 들지 않고, 나로서도 긍정하거나 공감하지는 않음을 나타낼 절호의 도구다.

그리고 마지막에는 심드렁한 반응으로 마무리한다.

내게 누군가의 험담을 늘어놓는다는 것은, 다른 자리에서는 필시 내 험담을 하리라는 뜻이다. 그런 사람은 조심해야 한다. 그래서 나는 내가 중요하게 여기는 것에 대해서 결코 밝히지 않으려고 하며, 가급적 정보도 주지 않으려고 한다.

술자리 등에서 험담하기 대회라도 벌어질라치면, 나는 조개로 변신한다.

'어째서 고지마씨는 이 이야기에 끼어들지 않지?'라는 생각들을 해도 상관없으니, 조개처럼 입을 꼭 다문 사람이 된다. 무심코 말을 섞다가 나중에 "저 사람도 같이 험담했어"라는 말을 원치 않게 듣는 것보다는, 무뚝뚝하다거나 분위기를 깬다는 말을 듣는 편이 훨씬 낫다.

선택하지 않은 인생은 잊어도 좋다

드센 사람

드센 사람은 의외로
발도 빨리 뺀다.

별것 아닌 이야기를 드세게 밀어붙이는 사람은 어딜 가나 꼭 있다.

그럴 때 나는 내 편이 되어줄 사람을 찾는다. 기세에 눌려 귀찮아하는 사람이 반드시 있다. 이를테면 잠자코 차를 마시고 있기만 하는 사람 같은. 그런 사람을 찾아내서, 그 사람과 대화를 나눈다.

그렇게 하면, 드센 사람에게 질려 있던 사람이 이쪽으로 넘어온다. 우리는 이를테면 여린박을 담당하고 있었을 뿐이다. '1과 2와 3과 4와……' 할 때의 '와' 같은 존재인 것이다. 처음에는 드센 사람이 센박이었다가, 언제부턴가 여린박 쪽이 우세를 점하여 주선율을 대신 차지한다. 화제를 바꾸는 것이다.

일대일일 경우는 먼저 상대를 존중한다.

드센 사람은 아마 존중받고 싶어하는 사람일 것이라 생각한다. "그래요?", "그렇군요" 등으로 맞장구를 치면서 그저 열심히 듣는 척을 하다가, 상당히 이른 단계에서 "옳은 말씀이에요", "역시 그랬군요" 하는 식으로 동조한다.

그렇게 말하면서도 그 사람의 이야기와는 전혀 다른 쪽으로 유도해본다.

예를 들어 "녹즙을 좀 드셔보라니까요!" 하면서 끈질기게 강요하는 사람에게 "옳으신 말씀!" 하고 받아치면서 "오늘 참 덥네요"라 덧붙여보는 것이다. 상대가 세게 나오면 일단은 받아넘기고, 다른 화제로 전환한다. 날씨에 관한 이야기로 힘차게 밀어붙인다. 내가 녹즙을 마시겠다고 하지 않는 이상 끝나지 않을 녹즙 이야기를, 날씨 이야기로 바꿔치기해서 밀어내기! 그러면 끝이다.

드센 사람은 상대에게 스스로의 주장을 관철하려고 하는 게 아니다. 자기 자신이 인정받았는지, 상대가 나를 긍정하는지를 확인하고 싶어할 뿐이다.

화제 자체에는 딱히 구애받지 않으므로, 상대가 원하는 것을 이른 단계에서 내놓는다. 제1단계는 수용하고, 상대의 기분이 가라앉는지 여부를 시험해본다.

선택하지 않은 인생은 잊어도 좋다

그랬는데도 불도저처럼 억지를 부릴 경우는, '어디 한번 해볼 테면 해보자'는 마음가짐으로 받아치며 해치워버리자.

그럼 일과 관련된 상황에서는 어떠할까. 받아칠 필요가 있을지 잘 생각하는 게 좋을 것이다. 어떤 프로그램을 성공시키기 위해 함께 이야기할 때 가장 우선시해야 할 것은 프로그램을 재미있게 만드는 것이다.

만일 드센 사람이 엉뚱한 이야기를 마구잡이로 늘어놓을 때, 프로그램이 지루해지는 것과 그 사람에게 미움받는 것 중 어느쪽의 피해가 클지를 저울에 재보듯 생각한다.

이 사람의 기세에 밀렸다가 만일 프로그램이 지루해졌다면 나도 주변도 손해를 본다. 그럴 때는 냉큼 받아치는데, 그렇다고 해서 주변 사람들이 "고마워, 덕분에 살았어"라고 하지도 않거니와, "대단하다~ 엄청 기가 센 여자야!" 하는 식의 뒷말을 들을 뿐이니 고독한 싸움이기는 하다.

드센 사람이 하는 부탁을 거절할 때는 "도움이 되어드리지 못할 듯합니다" 정도로 말한다. "저는 역부족이어서, 아무리 해도 기대에 부응하기 어려울 것 같습니다" 등등.

드센 사람은 의외로 발도 빨리 뺀다.

그런 사람은 아마 효율주의자일 것이다. 상대의 상태를 봐가면서 조금씩 삽으로 파봤자 시간만 들 뿐이니, 불도저로 단번에 밀어버리려고 하는 것 말이다. 그리고 효율주의자인 만큼 거절당하면 물러나는 것도 재빠르다.

드센 사람은, 사실은 그다지 집착하지 않는 성격이라는 느낌이 든다.

얼마 전에 설득당한다는 게 이런 것인가 싶은 경험을 했다. 텔레비전 드라마 〈101번째 프러포즈〉*에서 아사노 아쓰코(浅野温子)의 마음이 어땠을지 겨우 이해했다. 유감스럽게도 연애가 아닌 일 문제였지만. 어떤 분이 만날 때마다 거듭해서 "이 일 해보지 않으시겠습니까?"라고 말한다. 그런데 전혀 강요하는 느낌은 들지 않았다.

기회가 있을 때마다 "모쪼록 이 일을 맡아주세요", 또 만나면 "이 일 해보지 않으시겠습니까?", 게다가 다른 회의를 할 때도 겸사겸사 "부디 이 일을 맡아주세요" 하는 식이었다. 무척이나 자연스러웠지만, 굉장히 끈질기다. 매번 "저는 정말로 자신도 없고, 기대에 부응하지 못할 거예요. 저는 아마 도움이 되지 못할 것 같습니다"라며 거절했다.

그분은 드센 편은 아니었지만 "끈질기게 굴어 죄송합니다. 하지만 정말로 함께 일하고 싶어요"라는 식으로 번번이 말하곤 했다. 그러는 동안, 이렇게까지 이야기해준다면 자신은 없지만 좀 더 분발해보자는 쪽으로 마음이 움직였다.

어느 순간부터 조금씩 정이 들기 시작한 것이다.

이런 사람이 상대를 설득하는 데 선수라는 걸 실감했다. 그저

선택하지 않은 인생은 잊어도 좋다

닥치는 대로 밀어붙이기만 한다고 되지는 않는 법이다. 드세지 않은 사람은 끈질기다. 끈질긴 사람에게는 당할 수 없다.

★ 1991년에 방영된 텔레비전 드라마로, 별 볼 일 없는 중년의 샐러리맨과 아름답지만 이별의 아픔을 간직한 젊은 첼리스트의 사랑 이야기다. 트렌디 드라마의 대명사 중 하나이기도 하며, 국내에서도 영화 및 드라마로 리메이크되었다.

드센 사람은 상대에게 스스로의 주장을 관철하려고 하는 게
아니다. 자기 자신이 인정받았는지,
상대가 나를 긍정하는지를 확인하고 싶어할 뿐이다.

남의 이야기를
듣지 않는 사람

뭔가를 두려워하고 있기 때문에,
건드리고 싶지 않은 게 있기 때문에
직접 정보를 차단하는 거다.

이런 사람도 꼭 있다. 이야기를 조금도 듣지 않는 사람. 같이 있다보면 어째서 이 사람은 남의 이야기를 안 듣지 하는 생각이 든다.

아무리 봐도 남의 이야기를 듣지 않는 행위로 스스로를 지키는 것 같다. 그렇다면 이 사람은 무엇을 지키려 하는 걸까? 뭔가를 두려워하고 있기 때문에, 건드리고 싶지 않은 게 있기 때문에 직접 정보를 차단하는 거다.

그런 생각으로 관찰하면, 그 사람의 콤플렉스나 두려움, 불안이 보이기 시작하며 때로는 모종의 공감도 갖게 된다. 그렇다고 해서 남의 이야기를 안 들어도 된다는 건 아니지만.

참고하시라! 고지마식의 유형별 커뮤니케이션 기술

드센 사람도 그러한데, 남의 이야기를 듣지 않는 사람 역시 스스로 눈치채지 못하는 사이에 깍두기 취급을 당하는 경우가 많다.

그 사람이 깍두기 노릇을 하게끔 하면서도 일을 원활하게 추진할 시스템이 기능하고 있을 터이므로, 그 시스템을 찾아낸다.

선택하지 않은 인생은 잊어도 좋다

마음을
열지 않는 사람

상대가 침묵하고 있을 때는
잠자코 기다릴 것.

상대가 마음을 좀처럼 열지 않아도, '당신에게 관심이 있으니 대화를 나누고 싶다'거나 '함께 있고 싶다'는 마음을 전달하는 일을 최우선으로 한다. 반응이 그저 그렇다 할지라도 끈기 있게 부탁한다. 그리고 기다린다.

그 어떤 사람도 이야기하고 싶은 것과 그렇지 않은 게 있는 법이다. 말하고 싶지 않고, 말해봤자 어차피 이해하지 못할 테니 말할 기분도 들지 않지만, 그래도 버리지 못하고 간직하게 되는 마음이란 게 있는 것 같다. 누군가가 찾아와주면 좋겠다고 기대하면서도 타자를 격렬하게 거절하기도 하는 것이다. 그리고 그 마음 안에 그 사람이 소중하게 여기는, 또는 믿고 있는 그

참고하시라! 고지마식의 유형별 커뮤니케이션 기술

무엇이 들어 있다.

거기까지 이르는 문을 한꺼번에 열어젖혀 갑작스레 건드리려 하는 건 무리다. 다만, 몇 겹이나 되는 문 너머에 분명 그런 게 존재함을, 그 사람의 프라이드나 미의식 같은 것이 그곳에 있음을 느낄 수 있다.

그런 걸 어디서 느끼느냐 하면, 그 사람이 무엇에 대해 정열적으로 말하는가, 어떤 대목에서 단어를 신중히 고르는가 같은 데서다. 그리고 언제 침묵하는가도. 그러니 일단 들어야 한다.

상대가 침묵하고 있을 때는 잠자코 기다릴 것. 상대가 일부러 말을 삼켰을 때는 재촉하지 않을 것.

언어, 비언어도 포함해서 '당신을 받아들이고 있습니다'라는 신호를 계속해서 보낸다.

재미있는 이야기를 들려달라는 태도를 노골적으로 드러내며 누군가가 말을 건네면 조금 성가시지 않은가? 나는 인터뷰에 응할 때도 잦아서 그런 상황을 잘 아는 축에 속한다.

친구나 가족이 편한 이유는, 재미있는 이야기 따위 하지 않아도 되는, 그저 거기에 있어주는 것만으로도 충분하다고 생각해주기 때문이다. 아침에 뭘 먹었는지 이야기해도, 친한 사람은 "너 의외로 시시한 사람이구나?" 하는 식으로 말하지는 않는다. 그와 같은 마음으로 업무상 인터뷰도 하려고 하는 편이다.

선택하지 않은 인생은 잊어도 좋다

언제나 포지션을
잡는 데 기를 쓰는 사람

나나 상대나 큰 차이는
없다고 생각한다.

　내가 상대보다 위인가 아래인가.

　그 포지션을 잡는 속도의 신속함에는 부러움이 생길 정도다. 번번이 밀려나는 바람에 화도 나지만, 그 사람은 그렇게 해서 지금까지 살아남았던 것이니 어쩔 수 없다.

　기본적으로는 상대하지 않는 게 좋지만, 상대하지 않을 수 없는 경우도 있다. 그럴 때는 상대와 부대끼는 가운데, 이 사람이 포지션을 잡는 데 탁월한 기술을 연마하며 살아야 했을 환경이나 원인이 무엇일지에 대해 생각한다.

　반드시 그 나름의 약점이나 콤플렉스가 있으리라고 본다.

　상대가 감추고자 하는 약점 같은 것이 보이면, '우리 둘 다 불완전한 존재네요' 하는 생각에 마음이 조금 누그러지는 듯한, 납

269

득이 가는 듯한 기분이 든다.

　나도 콤플렉스가 있어서, 그걸 감추기 위해 마음고생이란 고생은 다 해가면서 타인에게 상처를 주며 살았던 적도 있다. 나를 포함하여 모두가 나름의 방법으로 스스로를 지키고 있는 것이다.

　그렇다고 해서 갑자기 그 사람이 너무 좋아져서는, 덥석 끌어안으며 "미안해, 지금까지 오해했어!" 하는 식의 말을 던질 수 있게 되지는 않는다. 변함없이 기분 나쁜 인간이고, 지금 이상으로 거리를 좁히고 싶지도 않으나, 나나 상대나 큰 차이는 없다고 생각하게 된다.

선택하지 않은 인생은 잊어도 좋다

사탕발림에
뛰어난 사람

거침없이 싸구려 사탕발림을 남발하는
사람은 뒷말도 무척 좋아한다.

              이런 사람, 고역이다. 어떤 표정을 지어야 좋을지 고민하게 되니까.

하지만 나도 나이를 먹어가면서 젊은 사람과 자주 접하게 되고부터는 "고맙습니다" 하며 솔직하게 받아들이면 그만임을 알게 됐다.

사탕발림은 배려를 드러내는 것이니, 그 마음씀씀이에 감사의 뜻을 나타내면 된다고 깨달았기 때문이다. 사탕발림은, 나는 당신을 중요하게 생각하고 있습니다, 좋은 대접을 하고 싶습니다라는 태도가 표명된 것이다. 업무상 그렇게 마음을 쓸 수 있는 사람이라는 사실도 중요하기 때문에, 사탕발림 자체는 전혀 나쁜 게 아니다.

다소 거북하다 할지라도 열심히 내게 경의나 호의를 전하고자 애쓰는 게 느껴져서 머리가 숙여질 때도 있다.

다만, 아무리 봐도 '이렇게 말해주면 좋아하겠지' 하며 이쪽을 우습게 여기는 듯한 사탕발림은 태도로 금방 알 수 있으므로 경계한다.

경험상 거침없이 싸구려 사탕발림을 남발하는 사람은 뒷말도 무척 좋아한다는 사실을 알고 있기 때문이다. 오히려 상대를 비행기 태워서 뒷말의 소재를 얻어보려는 게 본심이기도 할 때가 있으니, 방심해서는 안 된다.

사탕발림을 할 거라면, 상대를 존중하면서 전력을 다할 것. 잔재주를 부려 치켜세우다가는 도리어 신망을 잃을지도 모른다.

감정 기복이 심한 사람

감정 기복이 심한 사람은
스스로의 감정이 일으키는 파도를
정당화할 수 있는 이유가 필요할 뿐이다.

어른이 된 후에는 이런 사람과 그다지 만날 기회가 없었지만, 분명 감정의 진폭이 큰 사람이 있다.

자기 기분이 좋을 때는 걸핏하면 말을 걸어와서 입고 있는 옷에 대해 칭찬하곤 한다. 어쩐지 기분이 나쁘지만 "고맙습니다"라며 무난하게 받아넘긴다. 오늘은 데이트라도 있나 싶다가도, 본인이 행복하다는데 나한테 해가 될 일도 없으니 잘됐다 하고 여긴다.

그러나 그다음에 만났을 때는 50센티미터 정도 되는 가까운 거리에서 인사를 건네도 무시당한다.

그럴 때 나는 내가 원인이라고 생각하지 않으려 한다. 지난번

273

의 데이트가 뜻대로 되지 않았던 거겠지 하면서 내멋대로 이유를 분석해본다.

진짜 이유 같은 건 신경써봤자 소용없기 때문이다.

물론 상대는 나라는 인간 자체가 마음에 들지 않았을 수도 있고, 다른 짐작 가는 바가 없지도 않으나, 감정 기복이 심한 사람은 스스로의 감정이 일으키는 파도를 정당화할 수 있는 이유가 필요할 뿐이다.

스스로의 기분을 통제할 수 없기 때문에, 저 사람의 눈초리가 마음에 들지 않는다는 둥, 서식이 엉망이라는 둥 자잘한 이유로 직장 동료나 업무 파트너에게 트집을 잡는 것이다.

만날 때마다 나를 지근거리에서 무시하는 사람의 책상에, 인연을 맺어준다는 부적을 몰래 넣어둘까 하고 반쯤은 진심으로 생각한 적도 있었지만, 어쨌든 평온함을 바란다면 타인의 행복을 빌고 볼 일이다. 행복한 사람은 심술을 부리지 않으니까.

정론만 내세우는 사람

먼저 인정해주자.

　　　　　　　　　그다지 신경쓰지 않는다. 억지만 쓰는 사람보다는 대하기가 편하지 않은가?

　이러한 사람은 이야기를 효율적으로 이끌어나가는 것보다 스스로가 올바른 인간이라는 사실을 상대가 인정하게 하는 데 더 마음을 쓴다.

　융통성이 없을지도 모르겠으나, 자기 나름의 정론을 깊이 생각하고 있는 만큼 제대로 된 인간이라고도 볼 수 있다.

　"당신이 지금 말하고 있는 건 옳아요. 말 그대로네요"라며 먼저 인정해주자.

　그런 다음 "당신과 내 의견의 차이는 이러이러하지만, 목적은

이거죠? 그러면 가능한 선택을 함께 생각합시다"라며 상황을 정리하여 선택지를 구체적으로 제시한다.

그렇게 해도 말이 통하지 않는다면 정론만 말하는 사람 주변에는 반드시 일을 현실적으로 진행하는 조정자 역할을 하는 사람이 있을 터이므로, 조정자와 잘 연계해가며 당사자의 체면을 구기지 않도록 배려한다.

이를테면 그럴듯한 말만 늘어놓는 부장에게는 일단 찬동한 후, 프로젝트의 실행 책임자인 과장과 제대로 논의한다거나 하는 식이다.

일은 누군가가 반드시 진행한다.

그게 누구일지를 제대로 가려내는 작업은 어떤 문제를 해결할 때 꼭 필요한 일이다. 직함과는 관계없는 의외의 인물이 핵심일 수도 있다. 그 사람이 누구인지 보이기 시작하면, 다른 각도에서 일을 바라볼 수 있어 흥미로워진다.

선택하지 않은 인생은 잊어도 좋다

억지만 부리는 사람

정말이지 가끔가다 있다.
이런 사람이.

　　　　　　나도 상당한 억지 쓰기 선수이기 때문에, 억지에는 억지로 응수할 때가 있다. 어지간해서는 물러서지 않는다.

　가장 골치 아픈 건 어설픈 억지다. '이 사람 진짜 지리멸렬하고 상황을 이해하지도 못하는데다 본인 머리가 좋다고 믿으면서 억지를 부리는구나. 이거 귀찮게 됐는데' 같은 생각을 들게 하는 사람이 이따금 있다. 사실은 그런 사람이 무적이다.

　예를 들어 여기에 '밤 10시까지 영업합니다'라고 적혀 있는 가게가 있다고 해보자. 그런데도 "10시까지 한다고 되어 있기는 한데, 11시까지 문을 열었다 한들 뭐 어때. 나는 아직 집에 가고 싶지도 않고, 또 손님이고" 따위의 말을 하는 사람. 무슨 말인지 이해가 가지 않는다. 진짜 대책이 없다. 정말이지 가끔가다 있다, 이런 사람이.

어쩌면 좋을지 정답은 알 수 없지만, 내가 지금까지 해왔던 방식은 당사자와 이야기하길 관두는 것이다. 보통 일할 때 많이 맞닥뜨리는데, 당사자와 이야기하기보다는 그 주변에 있는 사람 등 다른 창구를 찾아낸다.

당사자에게는 "역시, 그렇게 생각하고 계셨군요. 저도 조금 생각해보겠습니다"라고 말한 다음, 그 사람이 말하는 내용을 들어줄 것 같은 사람에게 부탁하는 등 다른 경로를 찾는다. 상대해서 잘 풀렸던 적이 없기 때문에, 지원을 요청한다.

무지막지하게 화가 나면서도, '이와 같은 동기 때문에 이 사람이 이상하리만치 고집쟁이가 된 거겠구나' 하며 멋대로 짐작해버린다.

이해할 수 없는 경우가 가장 좋지 않다.

이해할 수 없는 대상과 맞닥뜨리면, 도무지 걷잡을 수 없이 화가 나서 감정이 격앙되기 때문에, 뭐든 좋으니 내 안에서 이유를 찾아낸다.

'이 사람은 분명 회사에서 업신여김을 당하고 있겠구나. 그러니까 회사 바깥에서 만난 사람에게는 아무리 그럴듯한 이유가 있다 해도 퇴짜 놓고 심술을 부려보고 싶어지지. 불쌍한 사람이구나' 하는 식으로.

　그 사람이 부리고 있는 고집의 동기로 작용하는 굶주림과 목마름에 대해, 나는 달리 해줄 수 있는 게 없지만.

우물우물 말하는 통에 무슨 말이
하고 싶은 건지 알 수 없는 사람

서두를 때일수록
"정리해서 말해!", "무슨 말이 하고 싶은 거야?"
같은 표현은 금기어다.

복창과 정리가 답이다. 결코 재촉해서는 안 된다. 이 해결책은 업무가 아니라 육아를 통해 배웠다. 지극히 제한된 어휘와 사고력을 구사하며 뭔가를 호소하려는 아이의 머릿속 움직임을 어떻게든 쫓아가려 하다가 이 방법을 찾아냈다.

우선 일단은 속 터지는 상황 설명을 참고 견디며 대강 들어준 후, 같은 이야기를 반복하기 시작하는구나 싶으면 상황 설명과 감정 토로를 구별한다.

들어보면 오늘 모래밭에서 무슨 일이 있었다는 것 같은데, 그걸 우물우물 이야기하는 아이에게 "그렇구나, 모래밭에서 놀고

선택하지 않은 인생은 잊어도 좋다

싶었구나…… 그렇구나, 켄짱이 안 된다고 했구나…… 그때 싫다고 생각했구나…… 그렇구나, 선생님께 이야기했구나…… 그건 슬펐겠네…… 그럼 어떻게 하는 게 좋았을까…… 켄짱한테라도 얘기하고 싶었구나" 같은 식이다.

복창하면서, 이건 감정이고 저건 동기이고 요건 행동임을 가려내면서, 어떤 해결법이 있었을지 정리하면 이야기의 얼개가 보인다.

이건 어디까지나 듣는 사람이 확인할 수 있으면 족한 것이고, 이야기하는 사람이 자각하도록 하는 것을 목적으로 삼지 않아야 잘 풀린다.

너 말야, 지금 얼마나 멍청하게 이야기하는지 알아? 이런 식으로 접근하면 힐문하는 꼴이 되고 만다.

상대는 점점 더 긴장해서, 이야기하는 걸 싫어하게 된다. 그러므로 복창, 분류, 정리를 자연스럽게 하면서 맞장구를 치면 상대는 요점이 정리되어 대화의 반복을 피할 수 있고, 또 자신의 이야기를 들어주었다며 만족해한다.

서두르는 때일수록 "정리해서 말해!", "무슨 말이 하고 싶은 거야?" 같은 표현은 금기다.

다만 상대가 복창과 정리 과정을 거쳐 이야기를 어느 정도라도 제대로 옮기고 싶어하는 의욕을 가지기 시작했을 때 "짧게 이야기해봐", "조금 더 정리해볼까"처럼 말을 걸어주면 자발적

으로 요약하려고 시도하는 경우도 있으므로, 상대와의 관계에
따라 시도해보는 것도 좋을지 모르겠다.

짜증을 내며
불쾌해하는 사람

어떤 일에 짜증을 내고 있는지를
분명히 자각할 수 있게끔 유도한다.

가게 직원이나 택시 기사 중에 가끔 가다 이런 사람들이 있다. 계산대에서 셈을 치르는 정도의 일이라면 어느 정도는 거칠게 굴어도 뭔가 기분 나쁜 일이 있었겠거니, 어린애 같은 사람이겠거니 하며 무시할 수도 있으나, 그런 방법도 통하지 않는 경우가 있다.

택시에 탔을 때는 명찰을 보며 성을 부른다.

"오모테산도(表参道)까지 가주세요."

"……."

아무 말 없이 출발. 이런 식으로 나오면 행선지를 제대로 들었는지 확인할 수가 없다.

"다나카씨, 오모테산도까지 가주세요."

그러면 거의 확실하게 대답을 하기 때문에, 이런 작전은 유효하다고 생각된다. 백화점 직원 등이 명찰을 달고 있을 때도 응용 가능할 것이다.

상대가 내 이름을 인식했다고 느끼면, 직업적 명칭이 아니라 개인으로서 지명되었다는 의식이 생겨나서 번지수가 어긋난 분풀이를 자제하는 것이 아닐까. 이름을 밝히고 일을 한다는 것은 애당초 그런 의미이지만.

인터넷에서 익명의 온갖 욕설이 난무하는 현상은, 이름을 밝히지 않으면 어떤 분풀이를 해도 된다며 배짱이 두둑해지는 약한 습성의 발로이기도 하다.

하지만 오히려 대부분의 경우는 가족이나 친구이기 때문에 용서해줄 것이라는 안일한 마음에서 분풀이를 하는 게 아닌가 싶다.

나도 곧잘 남편에게 분풀이를 한다. 남편은 내가 그럴 때마다 하나하나 제대로 상대를 해주지 않으므로 그럭저럭 굴러가고 있지만, 만일 나라면 나 같은 아내는 싫을 것 같다.

아들들은 아직 어려서 내게 수시로 분풀이를 해댄다.

그럴 때는 어떤 일에 짜증을 내고 있는지를 분명히 자각할 수 있게끔 유도한다. 짜증이 났다 싶으면, 대화 속에서 그 원인을 아이들이 직접 발견할 수 있도록 이끄는 것이다.

선택하지 않은 인생은 잊어도 좋다

인간은 짜증을 내는 일 자체보다도 어떤 일에 짜증이 났는지 스스로 정리되지 않은 때가 가장 견디기 힘들다.

이를테면 학교에서 돌아온 아들이, "간식이 없어! 기대하고 있었는데!! 엄마가 안 사다놨잖아!!" 하며 분풀이를 한다면, 이렇게 묻는다. 좋아하는 간식이 없어서 아쉬운 것인가. 스스로에게 짜증이 난 것인가. 선생님에게 짜증이 난 것인가. 친구 때문에 화가 난 것인가. 단지 배가 고픈 것인가. 간식이 떨어지게 만든 내게 화가 난 것인가. 이 모든 이유에서인가.

당사자에게는 정리가 잘 되어 있지 않은 것이다.

그걸 말로 표현하여 정리하는 것만으로도 기분이 어지간히 누그러지며, 구체적으로 무엇을 누구에게 요구해야 할지가 뚜렷해진다.

그런 습관이 붙으면 문득 부아가 치밀었을 때 자문하면서 분석하는 일이 가능하기 때문에, 스스로를 객관적으로 바라보며 해결 방법을 찾을 수 있다.

실은 알고 있다 해도 분풀이를 하게 되지만, 반성하고 또 반성한다.

인간은 짜증을 내는 일 자체보다도 어떤 일에 짜증이 났는지

스스로 정리되지 않은 때가 가장 견디기 힘들다.

후기

우리는 우리의 뇌에서 자유로울 수
없다. 즉 내 머릿속에서 그려왔던 세계 안에서 살고 있다.

아무리 가까이 있는 사람이라도 그 사람의 머릿속 세계에는
결코 들어갈 수 없다. 저마다의 몸을 통해, 각기 다른 세계를 바
라보는 우리들.

어릴 때부터 나는 그게 신기했다. 그리고 두근거리는 일이라
고 생각했다. 쓸쓸하지만, 자유가 있다. 가까워지고 싶지만, 하
나일 수는 없다. 나와 그 사람 사이에 있는 가까움과 멂이 여전
히 가늠되지 않아서 불안을 끌어안은 채 지금도 살고 있다.

하지만 그 불안은 알고 싶어하는 마음이나 상상력의 원천이

기도 하다. 불안을 느끼는 나는 약한 인간일까? 이런 고민은 접어도 괜찮다.

나도 그렇게 생각할 수 있게 되기까지 병을 앓기도 했고 일 때문에 고민도 했으며 가족과 여러 일들을 겪었다.

불안을 제거해야 한다고 생각하기 때문에 정답을 원하게 되는 것이리라. 틀리고 싶지 않고, 실패하고 싶지 않은 거다. 이 두려움을 없애려면 유일하고도 절대적인 정답을 찾아내면 된다. 그리고 그게 옳았다며 아주아주 커다란 ○표를 받아서, 동그라미 속의 낙원에서 살고 싶어한다.

하지만 그런 장소는 어디에도 없을뿐더러 ○표를 쳐주는 사람도 존재하지 않는다. 그걸 깨달은 것은 3·11이 일어난 후였다. 살기 위해서는 아무리 작은 일도 스스로 결정하여 스스로 ○표를 치는 수밖에 없다. 인생을 책임진다는 것은 그런 거다. 지금까지도 그러했고 앞으로도 그러할 것이라는 데 생각이 미치자 발밑이 무너져내리는 듯한 공포가 엄습했다.

2011년 3월 10일까지는 안전했고, 3월 11일부터 위험한 세계가 된 것은 아니다. 나는 어쩌다 그걸 알아차리지 못하고 살았을 뿐, 처음부터 아무것도 확실하지 않은 세계에서 살고 있었던 것이다. 그러나 어째서 알아차리지 못할 수 있었을까? 이렇게 하면 괜찮고 저렇게 하면 안전하다고들 했던 것들은 과연 진짜였을까?

선택하지 않은 인생은 잊어도 좋다

'원자력발전은 안전하다'를 의심해본 적이 없었고, '대기업은 무너지지 않는다'도 믿었다. '좋은 학교에 들어가면 안심이다'라거나 '유명한 기업에 입사하면 행복해진다'라는 메시지도 계속해서 받아들였다. 그런 메시지들에 기대기도 했다.

그렇게 해서 남의 손을 빌려 구석구석 불안을 닦아내면, 아무런 위험도 존재하지 않는 완벽한 인생을 만들 수 있다고 믿고 있었던 거다. 하지만 그건 주문을 거는 행위와 별반 다르지 않았다는 게 시대의 흐름과 함께 드러나고 말았다.

이제, 무리하는 건 그만두자.

인생에서 불안은 사라지지 않는다. 아무리 눈을 딴 곳으로 돌려도 꾸역꾸역 솟아올라온다. 그렇다면 무슨 수를 써서라도 불안과 함께 살아갈 방법을 모색하자. 나는 그렇게 마음을 먹었다. 그때부터 지금까지 줄곧 그 방법을 생각하고 있다.

이 책에서는 인간관계의 불안에 대해 생각해보았다.

지금까지 몇 번이고 '이렇게 하면 인간관계의 불안을 제거할 수 있다!'는 식의 온갖 이야기들을 들어왔지만, 그런 마법의 지팡이는 존재하지 않는다는 사실을 다들 훨씬 전부터 알아차렸을 것이다. 하지만 '커뮤니케이션 하수는 루저'라는 낙인을 두려워하여, 불안을 입 밖으로 꺼내지 못한다.

이제 앞으로는 불안함 속의 애매함을 견디자. 그림 같지 않은 커뮤니케이션을 소중히 여기자.

기쁨도 아픔도 수치로 환산할 수 없다. 진실로 서로가 서로를 이해했는가에 대한 확증은 결코 얻을 수 없으나, 그래도 살아갈 수 있다. 행복이란 목청 높여 자신 있게 외칠 수 있을 만큼 알기 쉬운 건 아니지만, 그렇다고 이 세상이 사막처럼 마냥 황량한 것도 아니다.

만일 당신이 이 책을 읽고, 엄청난 실패를 저질렀다고 여기던 일을 '뭐 할 수 없지'라며 생각할 수 있게 된다면 기쁘겠다. 나는 그럭저럭 잘하고 있다고 생각할 수 있다면 좋겠다.

여기까지 읽어줘서 고맙다.

이 책을 세상에 내보낼 수 있게 해준 사람이자 작가인 와다 노리코(和田紀子), KK베스트셀러스의 스즈키 야스나리(鈴木康成)에게 진심으로 감사의 마음을 전한다.

2013년 7월 7일

고지마 게이코

선택하지 않은 인생은 잊어도 좋다

옮긴이의 말

이 책은 20년 경력의 방송인인 고지마 게이코가 아나운서 그리고 프리랜서가 된 후 겪었던 일들을 바탕으로 '커뮤니케이션이란 무엇이고 또 어떻게 해야 하는지'에 관해 자기 나름의 생각을 담은 책이다. 방송 일이란 곧 타인과 어떻게 커뮤니케이션을 하는지를 보여주는 것이라 할 수 있으므로, 어떤 책일지 얼추 짐작해볼 수는 있을 것이다. 하지만 이 책은 커뮤니케이션 '기술' 그 이상을 전하는 에세이이기도 하다. 지은이가 여태껏 살아오면서 맞닥뜨렸던 갖가지 실패와 고민들을 지금 겪고 있을 이들에게 건네는 따뜻한 조언으로 가득차 있기 때문이다. (물론 여기서 말하는 실패는 주로 커뮤니케이션에 관한 것들이다.) 이에 대해 설명하기 위해서는 지은이의 삶을 조금 자세히 소개해야 할 것 같다.

호주에서 태어난 고지마는 해외 근무가 잦았던 아버지 때문에 싱가포르, 홍콩 등지에서 어린 시절을 보내고 일본으로 돌아온 이른바 '귀국자녀'다. 시험을 치러서 명문 가쿠슈인(学習院) 여자 중등과에 입학했고, 그대로 대학까지 마쳤다. 대학 졸업 후에는 TBS에 아나운서로 입사했는데, '중학생 때부터 가쿠슈인 출신'이라는 점으로 화제가 되기도 했다고 한다. 스물여덟 살 때 프로그램 디렉터와 결혼했고, 두 아이를 낳았다. 15년 동안 방송국 아나운서로 활동하다가 마흔 살을 기점으로 프리랜서가 되었으며, 다소 혼혈 같아 보이는 외모에다 늘씬하게 큰 키, 때로는 독설에 가까운 거침없는 입담으로 독자적인 진행 스타일을 구축했다. 라디오 DJ로도 인정받았으며 한때는 '라디오의 여왕'이라 불리기도 했다. 지금은 방송인이자 에세이스트로 활동하고 있으며, 매체에 칼럼도 꾸준히 쓰고 있다.

이쯤 되면, 고지마가 '실패'에 대해 대체 뭘 알기는 할까 싶을 것이다. 그야말로 손끝에 물 한 방울 묻히지 않고 살았을 것 같은, 곱디곱게 자라 원하는 건 다 이룬 공주 같은 느낌이니까. 하지만 그녀의 삶은 겉으로 보이는 것만큼 순탄하지도, 아름답지도 않았다. 어머니와의 불화가 주된 원인이었는데, 이 책에서

선택하지 않은 인생은 잊어도 좋다

단편적으로 언급되어 있는 것 이상으로 그녀와 어머니의 관계는 좋지 않았던 모양이다(인터뷰나 대담 등에서 구체적으로 밝힌 바 있으며, 따로 책도 냈다). 그녀의 어머니는 타인의 눈에 어떻게 비치는지를 세상에서 가장 중요하게 여기는 사람이어서, 고지마가 어렸을 때부터 '일류 기업에 다니는 남자와 결혼하는 게 여자의 행복'이라며 끊임없이 세뇌를 시켰다. 그런 어머니의 등쌀에 못 이겨 가쿠슈인 중등과 입시를 치렀고, 매일 세 시간을 등하교에 쏟으며 명문 학교를 다녔지만 그건 어디까지나 '사이비 공주' 노릇일 뿐임을 그때부터 느꼈다고 했다. 그런데다 어머니는 재학생 명부에 기재된 주소와 아버지의 직업 및 직함 등을 기준으로, 어울려야 할 친구와 어울려서는 안 될 친구(즉, 별 볼 일 없는 회사에 다니는 아버지를 둔 친구)를 구별해 그녀에게 훈계를 늘어놓았고, 어머니와의 충돌은 끊일 날이 없었다. 그렇다보니 친구들과 쉽게 어울리지도 못했다.

아홉 살 차이 나는 언니가 결혼해 집을 떠난 열다섯 살 이후로 고지마의 삶은 한층 나빠진다. 이제 어머니의 관심은 온통 그녀에게 쏠렸고, 그럴수록 다툼도 심해졌다. '매일 이렇게 싸우면서도 어머니가 해주는 밥을 먹지 않으면 살아갈 수 없다'는 모순을 깨닫고는 섭식장애에 빠지고 만다. 하지만 그런 딸에 대한 걱정보다는, 토사물로 하수관이 막히는 바람에 수리하고 나서도 "고치는 데 얼마나 들었는지 알기나 하니?", "너 때문에 화장실이 늘 더럽고 냄새 나니까, 이제 좀 그만하렴!" 같은 말밖에 하지 않는 어머니였다. 대학을 마치고 아나운서가 되어 혼자 살게 되었어도 집착에 가까운 어머니의 개입은 그치지 않는다. 그녀가 출연한 방송들을 체크하며 옷차림이나 화장, 태도 등을 지적하는 말들을 끊임없이 해댔다. 일을 마치고 녹초가 되어 집에 돌아오면, 어머니가 자동응답기에 남긴 메시지나 어머니가 보낸 팩스 더미가 그녀를 맞이하곤 했다.

출산은 어머니와의 관계에서 결정적인 전환점으로 작용했다. 서른 살에 큰아들을 낳았을 때, 갓난아기를 꼭 끌어안는 어머니를 보며 혐오감이 들었다는 고지마. 아이에게 손대지 말았으면 좋겠다는 생각을 멈출 수가 없었던 그녀는, 그뒤로 어머니에게 연락이 올 때마다 아팠고, 남편이나 아이에게 분풀이를 했지만, 치솟는 분노를 스스로도 감당할 수가 없었다고 한다. 그러다가 둘째를 임신하면서 본격적으로 카운슬링을 받았고, 불안장애 진단을 받으면서 그 원인이 '어머니 그리고 가족에게 억압당했던 기억' 때문임을 알게 된다. 매일 세 시간은 너끈히 어머니와 싸우면서, 어머니에 대한 원망과 더불어 스스로가 나쁜 딸이라는 죄책감으로 삶의 대부분을 채워온 고지마는, '괴로워해도 괜찮다'는 카운슬러의 말에 처음으로 마음의 짐을 얼마간 내려놓을 수 있었다고 한다.

그러면서 그녀의 삶도 비로소 달라지기 시작했다. 여태껏 그녀를 괴롭혀온, 어머니와 언니 눈에 차지 못했던 못난 둘째딸이라는 굴레에서 벗어나 '고지마 게이코'라는 인간을 발견한 것이다. 어머니에 대해서도 다른 관점으로 바라볼 수 있게 됐다. 비록 자기밖에 모르는 사람이었지만, 딸들에게 빙의하여 '당신이 살았을지도 모를 다른 인생'을 꿈꾸고 누리고자 했던 연약한 사람이라고 말이다. 나아가 지금까지 그녀가 겪어왔던 '실패'들, 또는 다른 사람들이 '실패'라 지적해준 것들을 다르게 받아들일 수 있게 됐다. 강한 사람으로 성장하지는 못했지만, 대신 스스로가 어떠한 사람인지 직시하면서 그에 걸맞은 방식을 찾아내는 법을 조금씩 깨달아간 것이다. 삶에 대한 포용력을 얻은 셈이다.

이렇듯 이 책은 오랫동안 어머니와의 커뮤니케이션에서 실패해온 어느 딸의 성장담이면서, 중견 방송인으로서의 연륜과 경험이 담긴 커뮤니케이션 지침서다. 이 책이 단순한 커뮤니케이션 길잡이가 아닌 이유도 여기에 있을 것이다.

하지만 이 책을 통해 그녀가 전하고 싶어하는 가장 중요한 메시지는 '타인과 세상의 시선을 기준으로 삼아 힘든 시간을 보내기보다는, 스스로의 생각과 느낌에 더 귀를 기울일 것', 바로 이것인 듯싶다. 한때는 그녀 자신이 누구보다 더 타인과 세상의 시선에 얽매였고 고통을 받았으니 말이다. 물론 누구도 그런 것들로부터 완전히 자유로워질 수는 없겠지만, 그렇기 때문에 더욱더 스스로의 마음을 들여다볼 수 있어야 한다는 이야기일 것이다. 그리고 그럴 수 있어야 진정한 커뮤니케이션을 시작할 수 있다. 내가 어떻게 느끼고 생각하는지, 무엇을 원하는지도 제대로 알지 못하면서 타인과 커뮤니케이션을 할 수는 없기 때문이다. 이 책에 등장하는 여러 경험담은 이를 설득력 있게 뒷받침해준다.

여담이지만, 이 책에서 지은이가 여성들에 대해 다소 적대적인 건 아닌가 싶게 느껴지는 대목도 있을 것이다. 어머니 그리고 언니와의 오랜 불화에서 비롯된 것도 있을 것이고, 지은이 스스로 책에서 밝혔듯 여자들을 무서워하기 때문이기도 할 테지만, 실제로 일본 사회에서는 그럴 만도 하다고 여길 부분이 없지 않다. 여자들끼리만 갖는 모임(女子会) 때문에 피로를 호소하는 사람들도 제법 있고(게다가 '女子会'라는 말은 널리 쓰여도 '男子会'라는 말은 거의 들리지 않는다), '엄마 친구'도 종종 사회 문제로 불거져 나온다. 인터넷 검색창에 '엄마 친구'를 치면 따라 나오는 연관 검색어가 '엄마 친구 문제', '엄마 친구 트러블', '엄마 친구 지옥', '엄마 친구 고역' 등일 정도다. 그러니 이 점은 어느 정도 감안해주시길 바란다.

지은이는 지금 또다른 도전을 하는 중이다. 20여 년 동안 같은 일을 했으니 잠시 쉬면서 다른 선택지를 찾아보겠다며 회사

선택하지 않은 인생은 잊어도 좋다

를 그만둔 남편이 결국 전업주부가 된 것이다. 남편의 퇴사 후 그녀는 '이제 일을 하지 않는 남편과 함께 즐겁게 해볼 만한 게 뭐가 있을까' 하고 생각하다가 다시 호주에서 살아보기로 작정하고는 온 가족이 호주로 떠났다. 남편은 두 아이를 돌보며 집 안일을 전담하고 있고, 그녀는 호주와 일본을 바삐 오가며 가족의 생계를 책임지고 있다. 결혼하면서 맞벌이를 할 거라곤 예상했어도 가장이 되리라고 생각해본 적은 한 번도 없었기 때문에, 처음에는 이런 생활이 적잖게 어색하고 불편했다는 고지마 게이코. 하지만 남편이 전업주부의 길을 선택함으로써 인생의 폭이 넓어진다면 그걸로 충분하다고 여기게 되었다고 한다. 이 책에 등장하는 표현을 써보자면, '관점을 바꾼 것'이다. 이와 같은 지은이의 삶을 통해, 그리고 지은이가 좌충우돌하며 겪은 커뮤니케이션 실패담과 극복담들이 독자들에게도 삶의 "힌트로 쓰인다면 기쁘겠다".

2015년 초봄에
신정원

선택하지 않은 인생은 잊어도 좋다

초판 1쇄 인쇄 2015년 5월 4일
초판 1쇄 발행 2015년 5월 14일

지은이 고지마 게이코 | 옮긴이 신정원 | 펴낸이 강병선 | 편집인 신정민
편집 신정민 최연희 | 디자인 엄자영 이주영 | 저작권 한문숙 박혜연 김지영
마케팅 방미연 최향모 유재경 | 홍보 김희숙 김상만 한수진 이천희
모니터링 이희연 | 제작 강신은 김동욱 임현식 | 제작처 한영문화사

펴낸곳 (주)문학동네
출판등록 1993년 10월 22일 제406-2003-000045호
임프린트 싱긋

주소 413-120 경기도 파주시 회동길 210
문의전화 031) 955-1935(마케팅), 031) 955-2692(편집)
팩스 031) 955-8855
전자우편 paper@munhak.com

ISBN 978-89-546-3598-1 03320

www.munhak.com